親が認知症になる前に知っておきたいお金の話

いざというときに困らないための「家族信託」

著者
横手彰太
株式会社日本財託
家族信託コーディネーター

ダイヤモンド社

はじめに

認知症は家族を消耗させるだけではなく、金銭的にも家族を困窮させます。

ご両親に対して認知症になったときのことやその後の相続について、話を切り出しにくいことはよく理解できます。相続の最前線に身を置く、私自身もかつてはそうでした。認知症になる前に、早い段階で相続について家族で打ち合わせをしたほうが良い。遺言書も考えてもらおう。親の財産についても、どこにどれだけの資産があるのか事前に把握しておくことが望ましい。

いずれもその通りですが、親子関係がぎくしゃくとしてしまうのを恐れて、ほとんどの方ができていないはずです。

ただ、あなたのご両親が認知症になった時に、ご両親名義の財産が凍結してしまうこと。さらに、あなたや家族の判断で財産を動かせなくなることを知っているでしょうか。

残念ながら、多くの人が認知症のリスクについて正しく認識していません。そして、そのことがご家族にとっていかに重大なことなのか。両親との仲がぎくしゃくしてしまいそう、うちの親は聞く耳をもたない、このようなことを言って先延ばしをしている猶予はありません。

いま、認知症に関するニュースをテレビや雑誌、新聞でよく目にするようになりました。認知症に対する予防や認知症患者を抱えるご家族の介護の苦労が話題の中心です。ただ、スポットライトがあたっているのは、認知症が引き起こすトラブルの一面に過ぎません。報道をよくみていると認知症と財産、認知症とお金の問題に真っ向から向き合うものがほとんどないことにあなたは気づくはずです。

今年の2月28日に放映されたＮＨＫクローズアップ現代＋「さらば遺産〝争族〟トラブル、家族で解決！最新対策」にて、私も家族信託コーディネーターとして出演させて頂く機会がありました。当時、契約手続きを進めていた家族信託案件のひとつで、香川県高松市への密着取材四日間というものです。放映直後から、一般の方からの大きな反響があり、「認知症になると財産が凍結するとは知らなかった」という視聴者の声を多数頂きました。

認知症になり財産が凍結してしまうということは、自宅を売りたくても売れない、アパートの部屋を貸したくても貸せない、そして預金を引き出したくても引き出せないということを意味します。

両親の年金から介護費用を賄えるうちはよいでしょう。ただ、もし年金でも介護費用を賄えなかったとしたら、財産が凍結されている以上、あなた自身の財産で介護費用を負担する必要があります。

お子様の養育費に加えて、あなた自身の老後生活への備え、それに加えてご両親の介護費用の負担です。家計への影響が小さい訳はありません。

あなたがいま50代であれば、あなたの両親は80代の可能性が高いはずです。日本は超高齢化社会に突入しています。認知症はもちろんのこと、親の介護という問題には誰もが向き合う必要があります。

高齢者の増加に伴って、要介護（要支援）の認定者数も増加の一途をたどっています。現在約６００万人いる団塊世代が、後期高齢者（75歳以上）になる２０２５年には、要介護認定者は６６７万になると予測されています。（厚生労働省社会保障審議会）

介護サービスに支払うお金がなかったら、子供であるあなたは仕事をしながら、親の介護をしていくことになります。介護はどれだけ続くか分からず、将来の先行きも見通せません。

場合によっては介護離職することにもなりかねません。

もちろん、私はご両親に寄り添って介護をしていきたいという想いを否定するわけではありません。ただ、認知症や介護とお金、そして財産管理の手法についても、正しく理解しておくことがあなたにとって大切だと思うのです。

私がこの本を書こうと思ったのは、認知症が増えていくことが明らかであるにも関わらず、こと生前の財産管理、そして認知症と相続のリスクが一般には知られていないからです。

親の貯金と年金があるから何とかなると思っていたのが、残念ながらそうではなく、最悪、「介護破産」になるという可能性を私たちは強く認識しておく必要があります。

将来起こりうる問題、リスクに対しては先送りにしがちです。

虫歯であれば、歯医者に行けばある程度の期間と費用で治療してくれます。しかし、認知症は、完治可能な絶対的な治療方法が現段階ではありません。いつまで認知症が続いて、介護にかかる費用がどのくらい必要になるのかが見えづらいのです。なにも手を打たないのであれば、その先にあるのは、介護によって疲労困憊になった心と身体、そして金銭的な困窮です。

ただ、今の段階でしっかり準備をすれば、こうした問題を回避することができます。ご両親に豊かな生活を送ってもらい、金銭的にも余裕を持った生活を送れるのです。

本書では、認知症問題に対する具体的な解決手段として家族信託という新しい手法を提案しています。

家族信託は生前の認知症対策はもちろんのこと、相続発生時に遺言の代わりになったり、また遺言では不可能だった、財産を子供から孫へと渡す順番を決めることができたり、さらに不動産が共有名義になり売却できなくなるリスクを回避する方法など、いろいろなパターンを組み合わせて、オーダーメードの相続を設計することできます。

家族信託の基本的な考え方は、ご両親の豊かな生活を維持することにあります。その後の相続も当然視野にいれた対策もできますが、相続はあくまでもその次に来るものです。ご両親の判断能力が衰えてきた時に、いまと変わらぬ生活水準を維持するための対策ですから、ご両親が亡くなられた後の相続の話をするのとは異なり、断然両親にも話しやすいはずです。実際、私自身も両親の豊かな老後を願って家族信託を利用しています。

実は、この家族信託はアメリカではもうすでに50年前から資産家の間で実践されている財産管理手法でもあるのです。

私はこれまで1000名以上の方々に、認知症問題をすっきり解決してくれる家族信託について講演してきました。そして、300名以上の方に個別に面談させていただいたなかで、本書で取り上げる家族信託があなたの問題を解決してくれる選択肢になりうると確信しています。


将来起こりうる問題は、あなたが問題を認知して、解決方法を見つけ出し、実行していかないと解決はできません。

誰もあなたの問題を解決してくれないのです。

あなた自身の問題に対して、あなた以上に真剣に考えられる人は、この世界にはだれもいません。だからこそ、この本を手に取ったあなたには、ぜひ家族信託の可能性について触れて頂きたいと強く願っています。

本書で書いた内容が、あなたの家族が幸福を追求する一つの選択肢として検討いただければこれほどうれしいことはありません。

目次

第4章 家族信託の基本的な仕組み 87

第5章 家族信託はこうして使う《最新7実例》 119

第1章

認知症と相続の切っても切れない関係

2025年認知症700万人時代到来

そもそも認知症とは、脳の神経細胞の障害により、記憶力や判断能力が低下し、日常生活に支障が生じた状態です。言い方を変えると認知症は「脳の働きが枯れてしまう」状態にあるのです。脳は人間の活動のほとんどをコントロールする司令塔です。この司令塔が機能しないと日常生活に大きな影響を及ぼします。

もう少し細かく言えば、脳に記憶として貯めておける機能を持つ海馬が、萎縮して小さくなり、新しい情報が入らなくなってしまうのです。海馬は脳の中心辺りにあり、タツノオトシゴのような形をしています。正常に機能しているのであれば、日々起こる出来事や視覚、聴覚から入る情報、さらに学習や体験などで得た情報を記憶として取り込み、整理、ファイリングしていくことが可能です。ただ、海馬が衰えてしまうと正常に機能していかなくなり、また重症化すると元の脳に戻すことはほぼ難しいのです。

認知症の患者数は、現在約462万人。これがあと8年後の2025年には700万人にもなるといわれています。700万人といえば、埼玉県の人口に匹敵しますから、いかに大きな数字かがお分かりになるかと思います。65歳以上の高齢者の5人に1人が認知症に罹患していることになる計算です。あなたの両親と配偶者の両親、そして伯母か叔父どちらか一人が、認知症になる可能性があるのです。認知症は決して他人ごとではありません。これが80歳以上の高齢者ともなると、ほぼ2人に1人という驚異的な数字になります。もし、8年後にあなたのご両親が80歳を超えているのであれば、数字上はいつ認知症と診断されてもおかしくない状況です。

国民病ともいわれているがんと認知症が大きく異なるのは、治療法の有無です。一般的には、がんは重病というイメージを持たれている方も多いことでしょう。確かに、日本人の三大死因の一つとして、がんは数えられています。しかし、がんは部位にもよりますが初期段階で発見できれば、治療することも不可能ではありません。一方、認知症の場合はまだ未解明な部分が多く、完璧な治療法もありません。いったん発症すると、進行を遅らせることはできても、完治することは大変難しいのです。

最も異なるのが治療期間と治療費用です。がんの場合は、ある程度の期間と費用の予測は可能ですが、認知症の場合はそう簡単にはいきません。若くして発症すれば、それこそ数十年単位で病気と向き合うことになりますし、その間の療養費も全く先の見えない怖さがあります。

がんより怖い認知症

都内で何社も会社を経営している54歳の羽田さん（仮名）のお言葉です。

「認知症は、がんより怖い」

羽田さんの父親は自身が亡くなる前に、息子である羽田さんに遺言を残して亡くなりました。「夫が先に亡くなり子供もいない、身寄りのない妹の面倒をみて欲しい」というものです。叔母さんは75歳でご主人に先立たれてからというもの、ずっとお一人で生活されています。羽田さんは、父の遺言通り、週末を利用して叔母さんの様子を見に行っていました。高齢者特有の物忘れが多いなと感じながらも、最初はあまり気にしていませんでした。ただ、服が脱ぎ散らかっていたり、食事の食べ残しがキッチンにそのまま放置されている、さらには机の上に30万円もの現金が無造作においてあるのを見て、さすがにこれはおかしいと認知症を疑うようになったのです。病院での診断結果は、やはり認知症。

これからは財産管理もしないと、オレオレ詐欺に騙されてしまうと口座残高を調べたそうです。口座を調べると、なんと２０００万円あった貯金が、わずか半年間で１０００万

図1-1

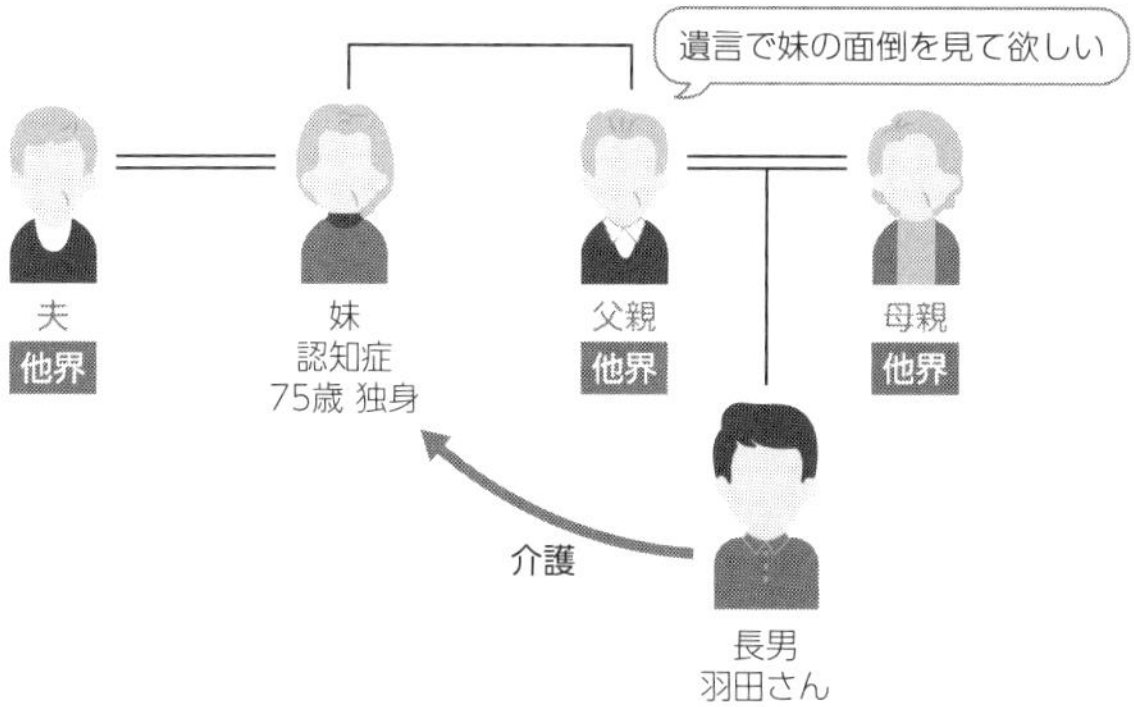

円になってしまっていたのです。75歳の高齢女性がこれだけの金額を短期間で使うことは、通常であれば考えられません。叔母さんに使い道を聞いてもよく分からないという。一人暮らしの叔母さんのお金はオレオレ詐欺の格好のカモになっていたのです。

それから、市役所に相談にいくと、財産管理のために成年後見制度を紹介され、言われるがままに後見人になったそうです。羽田さんが後見人としてついてから、10年間生活のサポートをし、85歳で叔母さんは亡くなられました。

がんは治療方法もあり、費用も発症した部位によっておおよその見当はつきます。しかし認知症の場合は、症状を遅らせることはできても完治させることは大変難しいのです。さらに、手厚い介護も必要になりますし、生活サポートには多額の費用もかかります。これから費用がどのぐらい膨らむのか、いつ認知症が一気に進行するのか分からず、介護施設の選択も苦労したそうです。

羽田さんは言います。

『認知症は、先が見えない怖さがある』

たとえ同じ病気でもがんであれば、判断能力があるので、オレオレ詐欺にもひっかかることはなかったでしょう。さらにある程度、治療費もめどは立ちます。しかし、認知症は判断能力がないせいもあり、がんと比べて生活サポートの手厚さも求められますし、介護費用がいつまでかかるのか先が見通せないのです。

「認知症はがんより怖い」経験者の言葉を、あなたはどう考えますか。

認知症は21世紀の国民病です。誰もが避けては通れない道です。

だからこそ、あなたの両親やご家族の誰かが認知症を発症して、亡くなるまでの期間に、あなたの身の回りで今後どんな問題が起こるのか、お金と財産についてどのようなトラブルがいま発生しているのか、これらは知っておいた方が良いというよりも、むしろ知らな

図1-2　認知症にかかっている方の割合（年齢別）

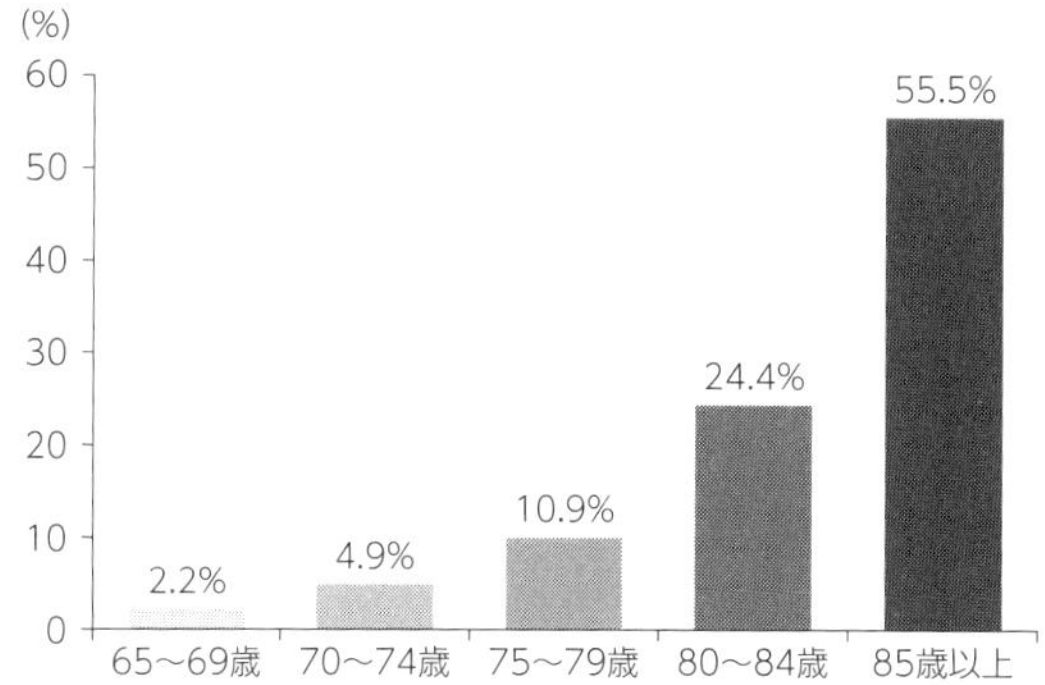

出典：「日本における認知症の高齢者人口の将来推計に関する研究」（平成26年度厚生労働科学研究費補助金特別研究事業）より算出

くてはいけない大切な話です。多くのトラブルを現場で体験してきた私は心から実感しています。

この章では、私がコンサルティングの現場を通じて体験してきた、認知症と相続、そしてお金に関わる具体的なトラブルについて、お伝えしていきます。

認知症と介護のリアルなお金の問題

「自分の親が認知症になったときに、介護費用がどのぐらいかかるのか見当もつかない。」

お客様と面談していてよく聞く話しです。もちろん、認知症を予防したい、進行を止めたい、治って欲しいというのはご家族、そしてご本人の一番の願いでしょう。

あなたは、ご両親や配偶者、また自分自身が認知症になった時の未来を真剣に考えたことはあるでしょうか。どこか自分とは関係のない世界の話と考えていませんか。身の回りで認知症になった方がいなければ、想像はしづらいのかもしれません。

ただ、ご家族の認知症、そして介護をきっかけに貧困生活へ転落する可能性があることは、しっかりと認識しておく必要があります。

家族も含めた第三者による介護が必要となる「要介護」の状態を招く主な原因は次の通りです。


要介護（要支援）とは、介護サービスを受ける際に、その状態がどの程度なのか判定するものです。要支援は1～2段階、要介護は1～5段階まであります。いずれかの区分に認定されると介護保険サービスを利用することができます。

要介護を招く主な原因として、認知症は1番目に位置付けられています。第2位の脳血管疾患と第4位の骨折転倒による入退院を繰り返すうちに、運動能力が低下、それにより血流が悪くなることで認知症の症状が出てくるケースもあります。どれが直接的な原因になって要介護の状態になるというよりも、高齢になればなるほど、どのような症状からも

図1-3

介護を招く主な原因		
1	認知症	18・0%
2	脳血管疾患	16・6%
3	高齢による衰弱	13・3%
4	骨折・転倒	11・8%
5	関節疾患	10・9%

出典：厚生労働省「平成28年　国民生活基礎調査」

認知症の引き金となりうるということです。

認知症になり判断能力が低下、喪失することになると、自立して日常生活を送るための能力が失われていきます。それは、生活サポートのために、家族やヘルパーなどの第三者の支えが日常的に必要になることを意味します。

では、認知症になり自立した生活を送れなくなった場合の介護費用は、どのくらいかかるのでしょうか。介護費用を試算するうえでは、介護期間を見積もることが欠かせません。まずは、介護が必要となる期間を見ていきたいと思います。

男性の平均寿命は80・98歳、女性の平均寿命は87・14歳となっています。（2016年厚生労働省「平成28年簡易生命表」）ただし平均寿命は、生後すぐに亡くなった赤ちゃんや成人しないで亡くなられた方も含めて計算しているため、平均余命をベースに考えていくことが重要です。平均余命とは、ある年齢に達した方が、平均してあと何年生きるかを表した数字です。

すると、女性の場合は二人に一人、男性の場合は四人に一人が90歳まで生きる計算になります。今は、医学が発達して、がんを発症しても完治し、長生きする確率は数十年前と比較して格段に上がっています。

一方、介護が始まる時期は、健康寿命の時期とほぼ一致すると考えられます。

健康寿命とは、「健康上の問題で、日常生活が制限されることなく、生活できる期間」のことをいいます。つまり、介助や介護が必要とせず、家事や買い物、趣味を楽しんだりできる期間とも言えます。

この健康寿命は、男性で71・19歳　女性で74・21歳（平成28年時点）となります。平均寿命との差は、男性で9・79年、女性で12・93歳もあります。つまり、男性であれば10年、女性であれば13年はなんらかの生活サポートが必要になるということです。

また、認知症発症期間はおよそ15年と言われています。体は健康でも、脳の機能が衰えるほうが早いため、平均余命と健康寿命の差よりも発症期間が長くなっているのです。長寿は喜ばしいことですが、介護の費用を考えると、平均寿命と健康寿命の差がこんなにも

図1-4　平均寿命と健康寿命の差

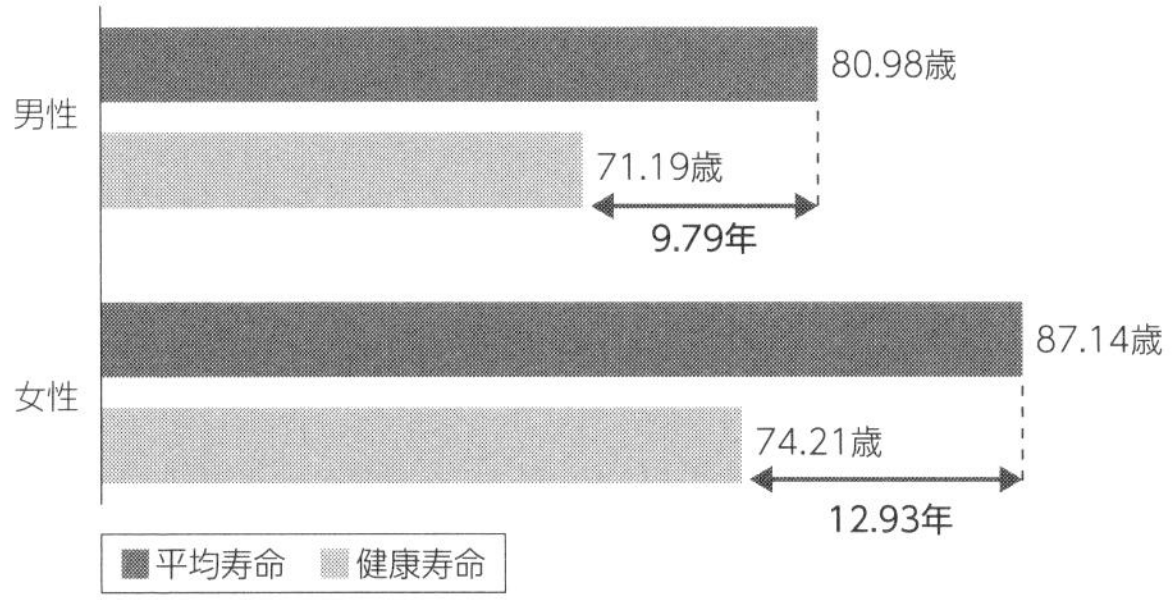

出典：厚生労働省「平成28年簡易生命表」より
厚生労働省　厚生科学審議会（健康日本21（第二次）推進専門委員会）資料より

開いていること、そして認知症の発症期間は悩ましい問題です。

次に、毎月にかかる介護費用と生活費について考えてみましょう。

認知症が発症して、すぐ施設に入るというケースはほとんどありません。気が付いたら認知症が発症していて、家族がヘルパーの力を借りながら、自宅で介護をする段階を経て、自宅介護が難しくなり、やむなく施設に入るという選択をする方が多いのが実情です。

まずは、自宅介護における費用を確認していきます。施設に入るより、費用負担が軽くなることは間違いありません。その場合、介護レベルによって若干の違いがありますが、初期に用意するものとして、歩行器、車椅子、介護用ベッド、持ち運び式トイレ、手すり、階段昇降機などがあります。初期費用だけで平均80万円程かかると言われています。なお、住宅改修や福祉用具購入の費用は、後から公的介護保険で8割から9割が給付されます。（公共財団法人生命保険文化センター「2016年10月改定介護保険ガイド」）

そして、ホームヘルパーさんが自宅に来てくれて、着替えやトイレの介助などの「身体介護」サービスや掃除や洗濯などをしてくれる「生活支援」をしてくれるサービスがあります。これらのサービスを受けるのにも、当然ですが費用がかかります。

認知症は他の要介護の状態とは異なり、判断能力が喪失しているため、徘徊や暴言など家族に精神的に負担がかかるケースが多く、症状が進行すると施設に入るという選択肢もでてきます。認知症ケア専門の施設でグループホーム（認知症対応型共同生活介護）と呼ばれる施設があります。全国で約12000施設ありますが、認知症患者が約460万人、65歳以上の人口が3514万人もいることを考えれば、数は圧倒的に足りていません。

グループホームは65歳以上で要支援2以上または要介護1以上の方が入所対象となります。介護を受けながらもある程度は自立して日常生活を送れることが利用の条件であるため、要介護の段階が上がり、認知症が重症化すると施設を退去しなくてはいけなくなること

図1-5

	毎月の利用施設費	入居一時金	入居の入りやすさ	条件
グループホーム（認知症対応型共同生活介護）	12万～18万	0～100万	困難	要支援2または要介護1以上
特別養護介護施設	5万～15万	0円	待機32万人、数年待ち	要介護3以上
有料老人ホーム	15万～40万	100万～数千万	空き次第	特になし

もあります。

その結果、介護認定が要介護3以上の方を対象とした特別養護老人ホームや民間の有料老人ホームに入るという選択になります。しかし特別養護老人ホームは入所するのを待つ待機高齢者は約32万人もおり、実際に入るまでに4、5年かかるケースもあります。

一方、有料老人ホームであれば、空きがあり、お金さえあればすぐに入ることができます。しかし、それなりの施設であれば、初期費用は大きくなります。入居一時金1000万を預けた後、介護期間が想定した期間より長くなれば、お金は底をつき、その分は家族で負担するか、サービスのレベルを落とした施設に変更する選択肢も出てきます。主な介護施設の特徴は図1－5の通りです。

78歳男性の認知症患者10年間の介護・生活費用は３６００万円以上

ある78歳の男性の認知症患者のケースで具体的な金額について考えていきます。

５年自宅で介護し、その後５年間は介護施設を利用した場合で、金額をシミュレーションしていきます。特に、介護施設を利用した場合は毎月の利用施設費は当然かかりますが、それ以外にも施設内のイベントや生活消耗品などのお金もばかになりません。施設利用料だけ払って入れば済む話でもないのです。

すると、およそ10年間の認知症の発症期間中の介護・生活費用は約３６６０万円にもなる計算です。

現在の年金の平均受給額は20万円程度です。すると、年間２４０万円、10年間の累計では約２４００万円になり、さきほどの介護費用総額を差し引くと不足額は１２６０万円にもなります。もちろん、年金をもっともらっている方であれば負担は少なくて済みますが、自営業者の場合、国民年金しか加入していませんから、負担はさらに大きくなるはずです。

このお金をどうにかして準備しておかなければいけないのです。

仮に両親が二人とも認知症になった場合は、介護費用と年金の差額分の約２５００万円を負担しなくてはいけません。

図1-6

自宅介護期間中の負担額（5年）

初期費用　80万＋(月々の介護サービス利用料・生活費18万)×12ヶ月)×5年
=1,160万円

施設介護期間中の負担額(5年)

初期費用1,000万＋((毎月の利用施設費20万＋イベント費用、医療費など5万)×12ヶ月)×5年
＝2,500万円

厚生年金受給額

(20万×12ヶ月)×10年＝2,400万円

自宅介護(5年)		施設介護(5年)		年金受給額(10年)		不足額
1,160万円	＋	**2,500万円**	−	**2,400万円**	＝	**1,260万円**

今回のシミュレーションでは年金額をいまの平均受給額で計算しましたが、なかには自営業者で国民年金しかもらえない人もいるでしょう。その場合は、よほどの蓄えがなければこの介護の局面は乗り切ることはできません。もし、介護に必要なお金をご両親の年金や貯金によって工面することができなければ、あなた自身がこの費用を負担することになります。

ご両親の介護に一番お金のかかるこの時期はお子様の学費がもっともかかる時期でもあり、さらにはあなた自身の老後資金の準備を行う大切な時期とも重なります。ご両親の介護費用、子どもの学費、そしてご自身の老後資金の準備。この3つを同時にこなす必要があるのです。

また、介護費用を捻出できなかったり、必要な施設が見つからない場合は、自身で介護を行う必要が

あります。実際、親の介護によって会社を辞めざるをえなかった介護離職者は10万人を突破しました。

仕事を離れることで収入を絶たれ、両親の年金で家族が暮らしていく。そんな不安定な生活の先に待つのは、介護破産です。いま高齢者の貧困が社会問題になりつつありますが、認知症による介護が引き金となり、貧困が連鎖していく可能性を秘めているのです。

また、今後も介護が必要な高齢者が増えると予想されますが、必要な介護施設が一気には増えませんから、施設に入ることができなかった場合は、症状が進んだとしても自宅で介護することが必要になるでしょう。こうした厳しい現実が待ち構えているなかで、私たちはしっかりと準備をしていくことが欠かせないのです。

認知症による財産凍結が介護破産を誘発する

施設に入居するための費用を捻出するために、ご両親のご自宅の売却や貯金の取り崩しも選択肢の一つです。ただ、認知症になると、財産の処分は簡単にはできなくなります。これが認知症による「財産凍結」です。

ひとたび、認知症になり判断能力がなくなってしまうと、あらゆる法律行為ができなくなります。判断能力がない状態は、実は身近なところでも見つけることができます。あなたのまわりにいる5歳児を想像してください。大人が想像しえないような突拍子もない行動を取ることは日常茶飯事ですし、理解力も十分とはいえません。大人がついていないと、知らない人に騙されてしまうことも十分考えられます。また、成人した大人でも「はしご酒」をして酩酊状態になれば、電車で乗り過ごし、スリの格好の餌食になる可能性があります。このように判断能力がないと安心、安全に暮らすことができないのです。

そのため、判断能力がないと認定されてしまうと、権利と義務が生じる大事な契約などの法律行為は一切できなくなります。次の例は法律行為と呼ばれ、いずれも判断能力がないと有効とみなされません。

- 定期預金の解約、銀行でのお金の引き出し、新規口座の開設
- 不動産売買、賃貸借契約
- 保険の契約者変更、満期保険金や個人年金、解約返戻金の請求や受け取り
- 遺産分割、介護保険の申請、介護サービスの契約・手配　など

よくある銀行での口座の引き下ろしも、法律行為となり、原則として本人確認が必要に

なります。相談させて頂いたお客様で、母親のキャッシュカードをなくしたケースがありました。数年前から認知症が発症して、母親からカードを預かって生活費の引き落としを長女が代わりに行っていました。あるとき、長女がうっかり母親から預かっていた大切なキャッシュカードをなくしてしまったのです。

通常であれば、カードの再発行には、金融機関の本人確認が必要です。家族とはいえ、代理では絶対にカードの再発行はさせてもらえません。厳格な手続きのもと再発行されます。しかし、相談者のケースではもう認知症が発症してから2年が経っており、自分の名前は書くこともできず、孫の顔を見ても名前を言い出すことができないほど症状が進行していました。窓口で何度も金融機関に交渉してみましたが、後見人を立てないと再発行できないと冷たくあしらわれてしまいました。年金が入ってくる重要なキャッシュカードをなくしたことを悔やんでも悔やみきれません。正式な手続きを踏んで後見人を立てるか、自分の貯金から親の生活費を負担するしかありません。

本人の意思確認は不動産の売却時にも必要になります。不動産を売却する際には、司法書士が不動産を売却する意思があるのか本人に確認します。その際に本人の確認が取れなければ、不動産の取引は成立しません。ですから、認知症になってしまうと、自宅はもちろん、駐車場や収益不動産を売却して介護費用にあてるということができなくなるのです。

図1-7

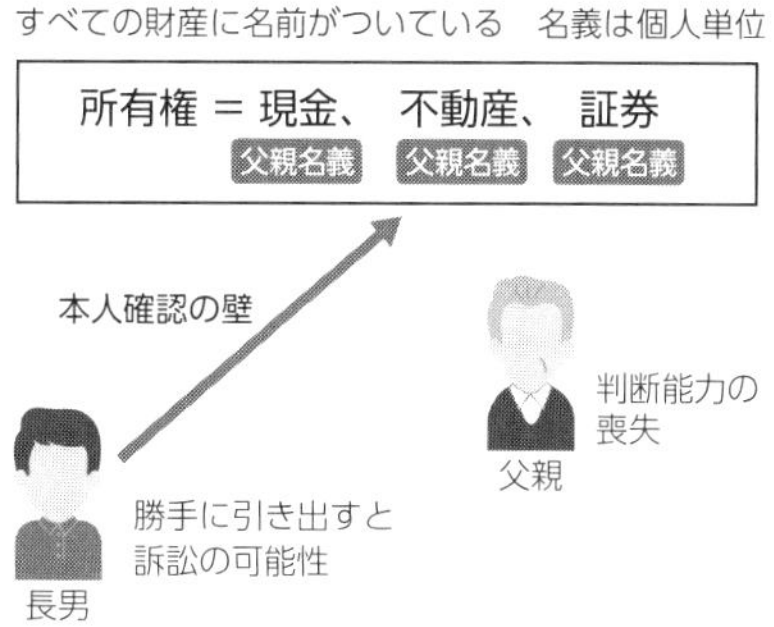

実は、本人が所有している財産には、すべて名前が付いています。銀行口座も不動産も、証券口座にもラベルが付いているのです。経済的価値がある財産には、すべて名前がつくのです。名義は個人単位で、夫婦共同名義の口座を金融機関は作成してくれません。

すべての財産には所有者の名前が付いているので、たとえ子供や配偶者であっても、基本的には名前のついた他人の財産を勝手に処分したり、銀行口座からお金を引き出すことはできません。所有権はそれほど強力な権利なのです。

一方で、こんな声もよく聞きます。認知症になってしまった親の通帳とカードと暗証番号を事前に聞いていれば、いくらでも銀行の口座から引き下ろしができるし、口座も凍結したことがないというものです。

銀行では口座名義人が亡くなった事実を知った場合

は、即座に口座の引き下ろし、振込みができなくなりますが、認知症になったという事実をわざわざ調べて凍結させることはありません。

だからといって配偶者や家族が勝手に財産を動かしてしまうと、あとで家族間のトラブルになりかねません。実際、他の相続人から損害賠償を請求された場合は、口座から勝手に引き下ろして使った財産は、不当利得返還請求か不法行為に基づく損害賠償請求、さらには財産管理契約に基づく返還請求を受けるケースがあります。

あなたが思っている以上に、判断能力が喪失した状態で財産を動かすことは危険性が高いのです。

介護費用のコスト、認知症により財産が事実上凍結して親のお金を親自身のための介護に使うことができない事実を知って、あなたはどうお考えになりますか。事前にしっかりと対応策を講じていなければ、思わぬトラブルに巻き込まれかねません。認知症が社会問題となるなか、財産凍結もまた社会問題としてなりうる可能性を秘めているのです。

認知症で相続の現場は大混乱

認知症は、相続発生時にも想定外の問題を引き起こします。

図1-8

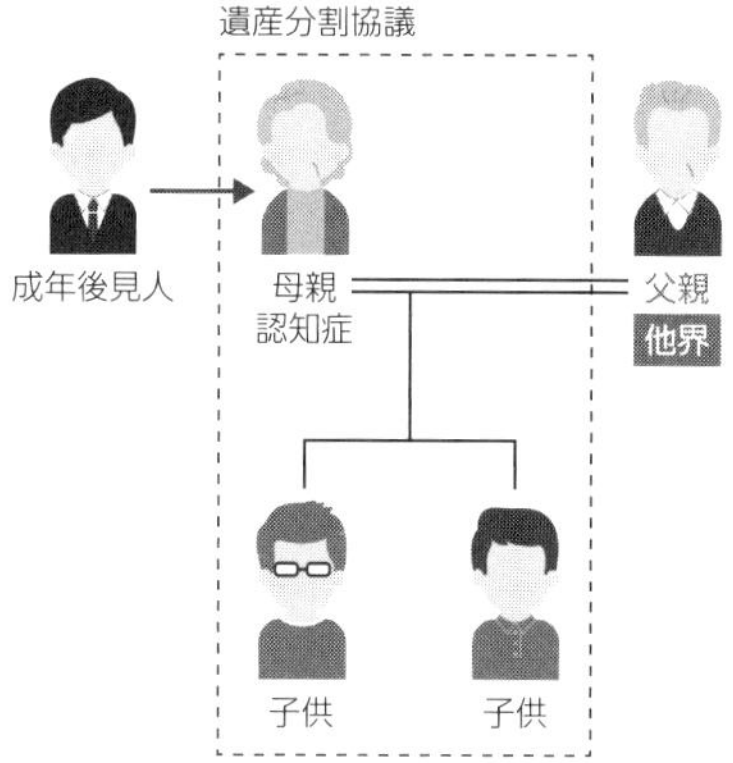

その問題とは、認知症になった方がお亡くなりになるケースではなく、認知症の配偶者がいるケースでご主人または奥様がお亡くなりになるケースです。

認知症の奥様とお子様2人を残されてご主人が他界されたケースで考えてみます。この場合、財産を引き継ぐ相続人は配偶者である奥様とお子様2人の計3人です。遺言がなかった場合は、財産の分け方については、遺産分割協議で行います。

このとき、配偶者が相続により全財産を取得した場合、その財産の評価額が1億6000万円以下であれば期限内に申告書を提出することで、相続税はかからないという特典を受けられます。しかし、子どもたちが認知症の母親の今後の生活のために、特例を利用して全財産を相続させようと考えたとしても、配偶者が判断能力を喪失している状態であれば、遺産分割協議は有効とはなりません。

遺産分割協議は法律行為の一つだからです。相続人のなかに認知症の方がいる場合は、遺産分割協議をまとめるために、相続人で家庭裁判所に後見人の申し立てをして、後見人を立てる必要があるのです。

このケースであれば利害関係のある子供（相続人）は母親の後見人になることはできません。職業後見人である弁護士や司法書士が代わりに母親の後見人につくことになります。

では、職業後見人がつくと何が問題になるのでしょうか。一番の問題は、後見人が入った遺産分割協議は杓子定規的な結論に落ち着くことが多いことです。通常の遺産分割協議であれば、協議に参加した相続人が納得するのであれば、各人の事情を考慮しながら自由な財産分与が可能です。職業後見人が入った場合、民法に定められた法定相続分に基づいて遺産分割が行われます。このようなケースでは、自宅も子どもと配偶者である奥様との共有名義で相続することがあります。

認知症になると法律行為である不動産の売買契約ができなくなることは、すでにお伝えしたとおりです。母親の認知症が重症化して、要介護レベルが上がり、他の施設に移る必要が出てきた時のことを想像してください。毎月の介護費用の負担が大きくなった時に、費用を捻出するために自宅を売却したくても、家庭裁判所から自宅を売却する許可をもらえないと、後見人の一存では売却することはできないのです。

後見人がつくということは、家庭裁判所に対して、具体的に売却しなくてはいけない理由を申告する必要があります。空き家になり、固定資産税を払うのがもったいないという理由では到底許可をもらうことはできません。自宅が老朽化して、取り壊さないと近隣に危険が及ぶ可能性があったり、貯金が底をついてしまって、施設や入院費用を捻出できなくなったなどの正当な理由が必要です。施設から戻る可能性があったり、親の貯金に余裕がある状況で自宅を売りたい、他の不動産を売却したいといっても、許可を得るのは簡単ではありません。

認知症で空き家問題がますます複雑化する

いま社会問題になっている空き家問題は、認知症による財産凍結によってさらに複雑化する危険性を秘めています。あなたの自宅のまわりにも、空き家は増えていないでしょうか。日本全国の空き家は、この20年間で右肩上がりに増え続け、約1・8倍も増えているのです。空き家の数は実に818万戸にも上り、これは日本の住宅の7・4戸に1戸が空室になる計算です。

空き家というと、地方や郊外をイメージされる方もいるかもしれませんが、空き家は地方だけの問題ではありません。たとえば、神奈川県では木造アパートの空家率は30％を超えているのです。

空き家が増え続けるのには、2つの理由があります。

一つ目の理由が、不動産所有者の高齢化です。

空き家の所有者のうち、高齢者が占める割合が非常に高まっています。空き家の所有者の実に50％以上が65歳以上の高齢者です。（国土交通省　平成26年　空家実態調査・集計結果報告書）

高度経済成長期に家を建てられた方が、いま70代、80代という年代になっているのです。しかし、現在は親と子が同居しないケースが大半です。子供が同居せず、配偶者のどちらかが先に亡くなると、高齢の親が一人で暮らすことになります。しかし、歳を重ねて体の自由も効かなくなると、日常生活にも不便を感じるようになってきます。そして、家族や

図1-9　総住宅数、空き家数及び空き家率の推移
—全国（昭和38年～平成25年）

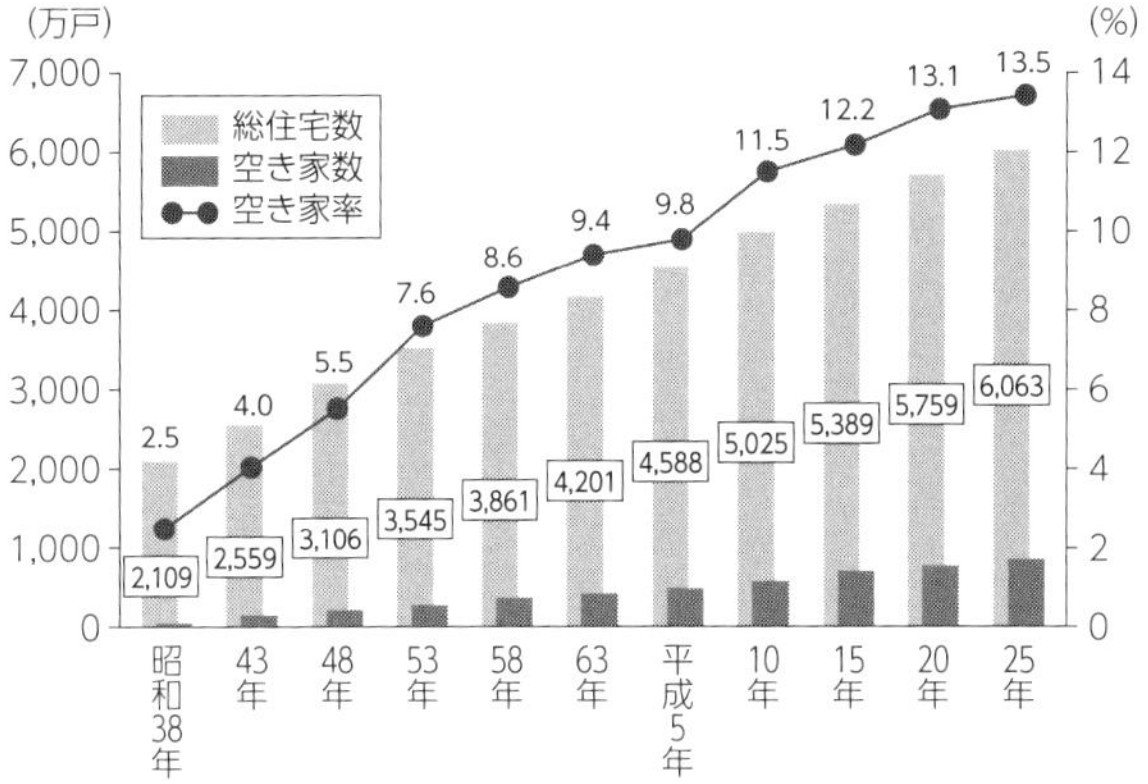

出典：総務省統計局「平成25年住宅・土地統計調査」

ヘルパーさんなど、誰かのサポートがないと日常生活を送れなくなってくると、今度は施設に入る高齢者が増えてきます。子供世代は、すでに持ち家があり、地方に住んでいる古くなった親の家に引越すことは多くありません。結果、高齢者が増えれば増えるほど空き家は増えていくという仕組みです。

もう一つの理由が相続です。

不動産の所有者が亡くなり、相続が発生すると、遺言を残していない場合は、相続人間で共有名義になることがあります。また、相続税がかからない場合は、遺産分割協議もせず、不動産の相続登記もしないことも珍しくありません。相続が発生して、遺産分割協議を行わないということは、法定相続分に基づいて財産が分けられることになります。そして、相続人が亡くなった場合、さらにその子供たちに不動産の共有持ち分が引き継がれることになります。こうして、不動産の登記上の名義はそのままに、実体としての共有名義人はネズミ算式に増え続けていきます。

いざ、売却する際には、名義人の全員の同意が必要です。しかし、相続登記もされず長年放置されてきた不動産は誰が所有者なのかを判別する事すら困難です。まして全員の同意を取り付けるともなれば、さらに困難を極めます。こうして空き家が手つかずのまま放置されていくのです。

実際、全国の土地の2割が所有者不明で、その総面積は九州の面積を上回るほどです。

ここで認知症と空き家の関係についてもお伝えします。

生前であれば、認知症が発症し、施設に入ることによって、実家が空き家になるケースがあります。その後、子供や配偶者が実家に住み続ける意向がなければ、空き家になります。その際、売却したくも所有者本人の判断能力が喪失していれば、売却したり人に貸すことも一切できません。すでにお伝えした認知症による財産凍結です。

どうしても売却したい場合は、後見人を申し立てて、後見人が家庭裁判所に自宅の売却の許可を取らなければいけません。後見人が決まるまで、2ヶ月から半年、そして、また自宅売却の許可を取るまでに、約1ヶ月がかかり、売却するまでに時間と労力がかかります。また自宅を売却できるかは、家庭裁判所の判断であり、確実ではありません。

本来であれば、売却して両親の介護費用のあてられていたものが、空き家の固定資産税や植栽の手入れなど、誰も住み続けていないのにもかかわらず、あなたは不要なコストを負担し続ける必要があるのです。また、相続発生してからも、共有名義人の一人が認知症で判断能力がなければ、同じように売却することができず、後見人を申し立てないと売却は一切できません。

認知症と空き家の問題はこれからますます複雑化してくることが想定されます。超長寿化が引き起こす認知症の増加、それによる不動産の共有名義化、これらに対策をしないと両親の財産は、これから事実上凍結され、不良資産となってしまうのです。

7年の裁判を経て遺言が無効になる

「公正証書遺言でも絶対ではないから横手さん証拠だよ。証拠を残すことが絶対に大事。」

中田さん（仮名）のアドバイスは忘れることはできません。7年前に90歳になる母親とその孫にあたる自分の息子を養子縁組しました。養子縁組は、市役所で養親か養子どちらかが提出すればよく、事前に他の子どもや兄弟の許可を取る必要もありません。

相続における養子縁組の目的は節税です。

相続税制では、相続人ひとりにつき６００万円の非課税枠が設けられています。これに基礎控除額３０００万円を加えたものが、全体の控除額になります。たとえば、相続人がお子様二人の場合、基礎控除額３０００万円に相続人二人分の非課税枠１２００万円を合計した４２００万円が全体の控除額になります。相続人であるお子様が３人いれば４８００万円、４人いれば５４００万円と相続人が多ければ、多いほど控除額も大きくなるのです。

中田さんには、2歳年下の妹がいました。妹はなにかにつけて母親にお金を無心して、散々浪費を繰り返していました。そのため、兄妹仲も悪く、また母親自身も散々苦労をかけられてきた妹には財産を渡したくない気持ちがありました。

母親の意向を受けて、中田さんの息子を母の養子とし、そのうえで「すべての財産を長男に渡す」と公正証書遺言を残しました。公正証書遺言は、法曹資格を持つ公証人の前で遺言内容を全部読み上げ、また本人にこの内容で間違いがないかを確認します。その際、推定相続人のご家族、公証人以外で証人が二人必要となります。なお未成年者や利害関係を有する人は証人になることはできません。

遺言を書いてから2年後、母親は92歳で他界。生前の遺言通りに、遺言を執行しようとしたところ、妹から待ったが掛かったのです。公正証書遺言と養子縁組は、判断能力が喪失している時に、長男である中田さんが無理やり行ったものであり、判断能力がない母親には、そもそも法律行為ができないというのが妹の主張です。中田さんとしては、公証人の前で遺言を書いているので、全く問題ないと高をくくっていたそうなのですが、なんと裁判には7年もの月日がかかったのです。

その間、公証人には証人として出廷を求めていたそうですが、揉めごとが避けたかったのでしょうか。一度も出廷されなかったそうです。お互いの弁護士の交渉の結果、遺産分割協議で、不動産と現金はほぼ半分に分けられることになりました。

裁判官としては、当時90歳になる母親に判断能力があったかどうか、確かな証拠が残されていなかったので、いたずらに裁判も長引いてしまいました。

中田さんにいわせれば、母親は年相応の物忘れや理解力の不足はあったかもしれないが、遺言書の意思は確かに母の決断だということです。認知症は、医師でも判断が難しいと言われています。ご両親が80歳を超えるような高齢の場合、判断能力がたしかにあるという証拠がないかぎり、遺言を書いても有効とならない可能性があるという事例です。

相続専門の士業では、認知症問題の相続に対応できない

これからは、相続専門の税理士も相続対策の前に、認知症対策をしなくてはいけない時代に来ています。いくら素晴らしい相続対策を立案したとしても、認知症になり判断能力を喪失してしまうと生前贈与や財産の組み替え、保険の加入、資産管理会社の設立など一切できなくなります。せっかくの対策が宙に浮いてしまうのです。その結果、対策をして

いない無防備な資産に対してたっぷりと相続税が課税されてしまいます。

ご両親が元気で過ごされているうちに、相続の相談に来られるケースはまれです。多くの場合、大病を患って入院中であったり、施設の入居が決まったり、身体の自由がきかなくなってからご相談にこられます。こうした場合、認知症の疑いがあったり、すでに認知症であることも珍しくありません。

日本人の寿命が延びれば延びるほど、認知症のリスクと隣り合わせの状態で相続対策を考えることが多くなっていくはずです。本来であれば、元気なうちに、認知症対策をしてから相続対策をしていくべきです。これからは、相続対策と認知症対策をセットで考える必要があります。そして、認知症と相続対策に抜群の効果を発揮する手法が、この本のテーマである家族信託です。


もし、士業の先生が、認知症問題に積極的に関わっているのであれば、認知症対策として効果を発揮してくれる画期的な手法「家族信託」もあわせて対策を検討するはずです。ただ、残念ながら家族信託について詳しい知識を持っている方や実績を持つ方は多くないのが実情です。ＮＨＫのクローズアップ現代＋で家族信託が大きく取り上げられてから、相続を専門としてきた税理士の先生から具体的な家族信託の勉強会を開いて欲しいというご依頼が複数ありました。税理士の先生だけではありません。銀行や証券会社、不動産会社でも、いま認知症対策に有効な家族信託について勉強会が盛んに行われています。

家族信託は確かに有効な手段ですが、使いこなせて実績を残している専門家はまだ少数です。

認知症対策、相続対策を相談する際には、家族信託の実績についても先生に聞いてみましょう。家族信託が有効に活用できるか、ご家庭の事情によっても異なりますが、選択肢の一つとしては必ずいれておきたいところです。

第2章

成年後見制度の実情を知らずして相続は語れない

家族信託とよく比較に上がる制度が成年後見制度です。成年後見制度は、高齢化による認知症や障がいなどによって判断能力が低下し、自分自身の権利を守ることができない人の生活や財産管理などを支援する仕組みです。２０００年に民法が改正されて誕生して以来、現在までの17年間で約19万人がこの制度を利用しています。ご両親の認知症の問題を市役所に相談すれば、ほぼ１００％この制度をお勧めしてくるでしょう。

ただ、認知症患者が約４６０万人いることを考えれば、利用者はわずか４％ほどに過ぎません。なぜ、成年後見制度の普及は進まないのでしょうか。果たして、認知症の財産管理は、この成年後見制度で万全なのでしょうか。

成年後見制度は使い方によっては、非常に優れた制度です。子供がいない夫婦、子供がいても海外にいる、もしくは音信不通になっている場合、高齢の単身者にとっては、いずれ判断能力が低下した時に、自分らしく生きることができなくなる恐怖は相当にあるはずです。

家族信託は介護保険の申請や病院での手続きなど、身のまわりの手続きを行う身上監護の部分では、機能することはありません。家族信託ではカバーしきれない身上監護を補ってくれる成年後見制度は、ご両親の介護を考える上で大変大きな役目を果たしてくれます。

優れた機能を持つ一方で、成年後見制度を選択したことによって、こんなはずじゃなかったと嘆く家族もいることも事実です。まずは、成年後見制度の実情を知ることによって、将来の選択の一つとして考えて欲しいと思います。この章では、現場で起きている成年後見制度の問題点についてもクローズアップして、お伝えしていきます。

「もう連絡しないでほしい」職務放棄する職業後見人にあぜん

「家族信託のセミナーで聞いたことと違うのですが、どういうことでしょうか」

先日、セミナーで個別相談させて頂いたお客様からご連絡がありました。実はこの工藤さん（仮名）は私の家族信託のセミナーを聞いて、一度は父親の家族信託について検討した方ですが、最終的には法定後見制度を選択した方でした。

父親は要介護2の状態で介護施設に入っていますが、会話は十分にでき、コミュニケーションは問題ないという話しでした。ただ、最近は物忘れが目立つようになったり、外出する機会もめっきり減ってきたことから、認知症を心配するようになったのです。

工藤さんには北海道で暮らしている妹もいて、家族信託を利用するには妹も巻き込んで計画を練る必要がありました。妹に相談してから半年後、制度に対する理解も進み、いざ家族信託を利用しようと思った時には、すでに父親の認知症は進行しており、家族信託は利用できない状況にあったのです。そこでやむなく長女が法定後見の申し立てをして、司法書士に後見人になってもらいました。

ここから段々と雲行きがあやしくなっていきます。

工藤さんが今後のために税理士に相続税の試算をお願いしようと、成年後見人に財産の状況について確認したところ、「個人情報なので教えることができない」とつれない返事が返ってきたのです。確かに、自分の親の財産を知る権利はないかもしれないが、たった数週間前に後見人についた赤の他人に言われて、情けなくなったと工藤さんは言います。

しかし、大きな問題は別のところからおきました。父の末弟が亡くなったのです。父には二人の弟がいて、次男はすでに他界しており一人娘がいます。今回亡くなった三男は生涯独身でした。両親はもちろんすでに他界していますので、この場合の相続人は父と次男の娘です。それぞれ2分の1ずつ財産を相続する権利がありました。

工藤さんもてっきり法定相続分通りに財産を相続するものばかりだと思っていたそうですが、なんと相続放棄の方向で話が進んでいたのです。

図2-1

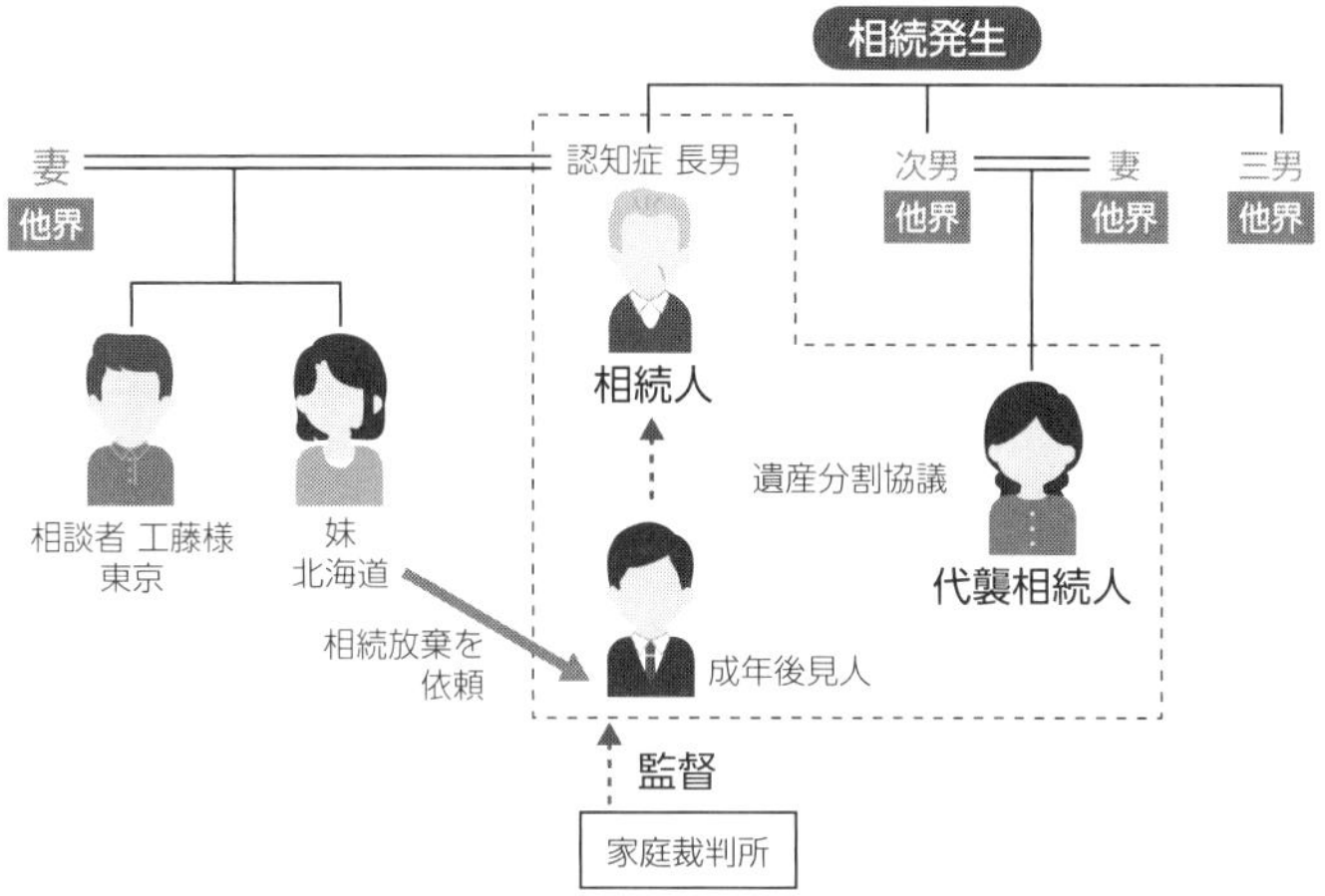

「工藤さん（父）の娘さんから相続放棄をしてほしいと言われております。あとは家族と話し合って進めてほしい」と後見人である司法書士が一方的に伝えてきたのです。

これに、違和感を覚えた工藤さんが、セミナーで聞いたことと違う！　と不思議に思って私に電話してきたのです。法定後見人は、被後見人の権利を守る法律上の代理人です。後見人（代理人）の仕事を放棄して、家族で話し合ってくださいということは言語道断です。本来であれば、意思能力を失った本人に代わって次男の娘との遺産分割協議に臨む必要があります。

いくら娘の意向があったとしても、相続放棄をしてよいわけではありません。後見人の目的は、被後見人の財産を守ることです。もし、相続放棄をしてしまったら、家庭裁判所は工藤さんの財産を減らす行為をしたとして損害賠償請求してくることも考えられます。

この内容を工藤さんは電話口で司法書士に伝えたそうなのですが、なんと対応が不服なら家庭裁判所に解任請求をするよう開き直り、今後電話をしてくるなというのです。なんとも信じられない対応です。

もちろん今回の事例は特別なケースです。多くの先生方が誠実に仕事をされていますが、財産管理や遺産分割協議などの場面において、利用者からも使い勝手の悪さを指摘する声はよく耳にするところです。

二つの後見制度「任意後見」と「法定後見」の違い

成年後見制度には、2つの種類があります。ひとつが任意後見制度、もうひとつが法定後見制度です。同じ後見制度でも内容が異なるので、まずは両者の違いをよく認識しておきましょう。

まずは、任意後見制度からご説明します。

任意後見制度は、本人の判断能力がある元気なうちに、将来の判断能力の低下を想定して、後見人をご家族、または信頼する第三者に指定できることにあります。

そして、実際に判断能力が低下してから、後見人の手によって生活や介護の手配をしてもらいます。任意後見制度は「自分の老後は自分で決める」という積極的な考えがベースになります。子供がいないケースや独身の方の場合、甥や姪または、信頼できる士業（弁護士、司法書士、行政書士、社会福祉士など）に後見人の依頼をすることも可能です。もちろん口約束では、実行されないので、任意後見制度を利用する場合は、全国にある公証役場にて、公証人が立会いのもと後見を依頼する被後見人と後見人にしたい人と契約することが条件となります。

一方、法定後見制度は、字の通り、法律が定めた後見制度で、4親等内の親族（親、配偶者、子、兄弟姉妹など）が家庭裁判所に申し立てをして、家庭裁判所の審判という形で、後見人を選任します。

任意後見制度では後見人は事前に被後見人が指定できましたが、法定後見制度においてはできないということです。法定後見制度でも、家族が後見人に立候補することができますが、あくまでも決定するのは、家庭裁判所になります。つまり、長男が申し立てを行い、後見人として立候補したから当然、長男がなると思っていたら、職業後見人の弁護士や司法書士がなるケースも十分あり得るのです。

たとえば親が仙台の施設にいて、長男が東京に勤務していれば、いくら子供とはいえ、距離的な問題から後見人として相応しくないと判断されてしまう確率が高くなります。

それでは、ここからは任意後見人と法定後見人の具体的な仕事内容を見ていきたいと思います。

主な仕事は、お金にまつわる財産管理です。収入と支出のバランスを考え、生活する上に適切に使っていくことを重要視されます。判断能力がなくなると通帳がどこにあるのかもわからなくなります。印鑑、保険証券、不動産の権利証の保管や財産の把握、管理。そして年金、家賃などの収入があれば受け取りなど、日常的に起こる財産管理のすべてを後見人が行います。

もうひとつは、身上監護です。身上監護とは、被後見人の生活、療養、介護、治療に関する法律行為を行うことを言います。つまり、被後見人の生活環境を整える手配をすることです。後見人が、食事や入浴の介助をするわけではありません。あくまで、本人が快適に暮らすために、後見人が代理で必要なものを選び、手続きをすることが仕事になります。

図2-2　法定後見制度と任意後見制度の比較

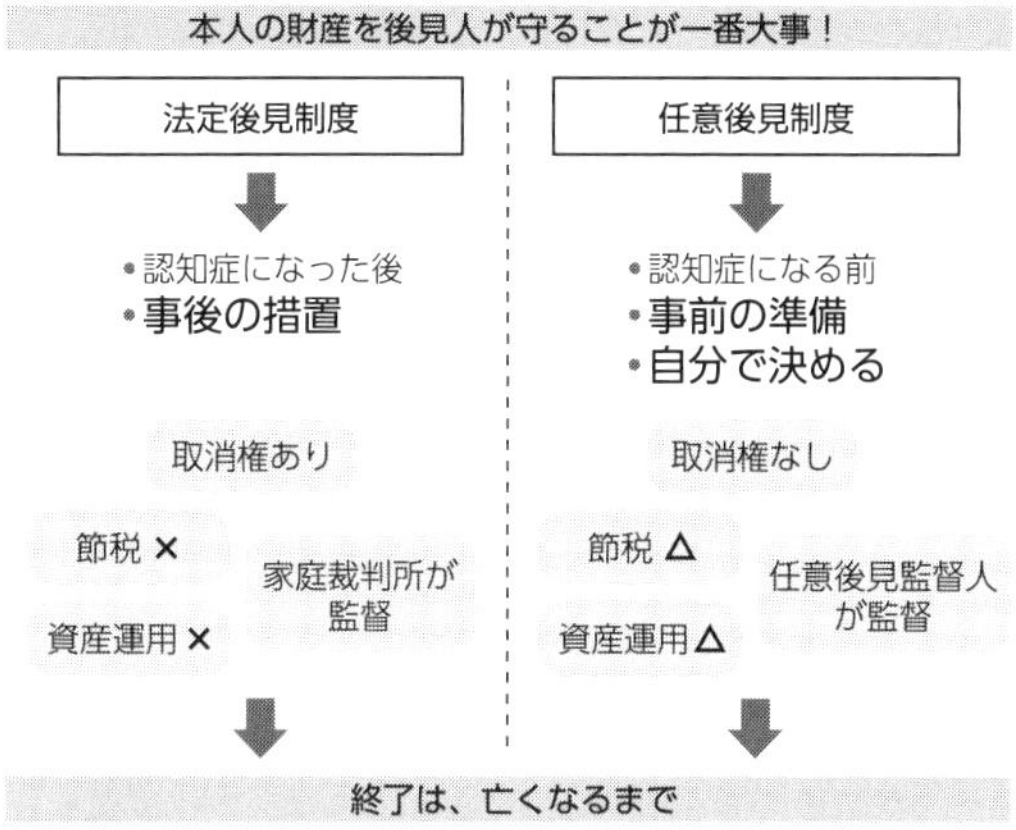

また、任意後見人にはその仕事を正しく行っているかどうかを確認する任意後見監督人がつきます。任意後見監督人の資格に法律上の制限はありませんが、実際には弁護や司法書士といった専門職が選任される事例が多くなっています。監督人の主な仕事は、家庭裁判所と任意後見人（親族）の間に入って、任意後見人の事務に関し、一年に一回家庭裁判所に報告することになります。任意後見監督人の具体的な仕事としては、後見人が作成する財産目録や収支報告の確認、家庭裁判所に処分を求める手続き、急な事情がある場合は、後見人の代わりに必要な行為もします。

法定後見の場合は、職業後見人がつかず、親族が法定後見人になった場合にのみ、家庭裁判所が後見監督人を指名します。それぞれの監督人に支払う報酬は、管理する財産額に応じて変わります。5000万円以下の場合は毎月1〜2万円、5000万円を超える場合には、2・5〜3万円が目安となります。

法定後見人の強力な権限　代理権と取消権

後見人は強力な法的権利を持つことになります。

そのうちの一つが、代理権です。銀行で散々家族が交渉しても引きおろすことができなかった、預金を問題なく引きおろすことが可能となります。また、定期預金も解約することが可能です。当然使い道なども聞かれることはありません。この代理権は、日常生活の範囲内に限定しており、結婚や離婚、遺言の作成はすることができません。

二つ目は、取り消し権です。これは、任意後見人にはない法定後見人のみが有する権利で、後見人がついてから行った被後見人による契約は、過去に遡っても取り消すことが可能です。訪問販売で、強引に買わされた高級布団なども法定後見制度を利用していれば取り消し可能です。

法定後見制度を避けるべき3つの理由

成年後見制度には任意後見制度と法定後見制度の2つがあることをお伝えしました。私は、法定後見制度の利用はできるだけ避けるべきだと考えています。

もっとも大きな理由が不自由な財産管理です。法定後見制度では、いくら多額の相続税がかかりそうだといっても、節税対策は一切できなくなります。相続税対策のひとつとして、課税対象となる額の財産を減らすために、生前に子供や孫に贈与する方法があります。生前贈与は被後見人の財産を減らす行為であり、相続人にはメリットあるが、被後見人にはメリットがないため、行うことはできません。

また、相続税対策のひとつとして、養子縁組を利用して法定相続人を増やし、節税するという手法があります。しかしこれも判断能力がないと判断されている被後見人は、結婚や離婚、養子縁組などの身分行為も一切できなくなります。これら行為はたとえ後見人がついていたとしても、行うことはできません。

また、法定後見制度でできなくなるのは、相続税の節税対策だけではありません。認知症になる前に約束していた贈与も同様にできなくなります。

ここでひとつ事例をご紹介します。相談者の村田さん（仮名）は、数年前に新潟県の実家に帰った時に、部屋からの異臭に気が付きました。最初は部屋が物で散乱していたので、泥棒が入ったと疑ったそうなのですが、一人ぽつんとテレビを見続けている父親の姿を発見し、大変なことが起きていると悟ったのです。

父親にいつからお風呂に入っていないか聞いても要領を得ず、自身の異臭と部屋の惨状をまったく意に介していないようでした。

すぐに物忘れ外来に連れていき医者に診察してもらうことにしました。すると、認知症と診断されました。幸い長男である村田さんのことは理解したそうなのですが、孫の名前は言えなくなっていました。

村田さんにはまだ住宅ローンが残っており、長女がこれから大学に進学するところで学費もかかります。会社を辞めて、介護をすることもできません。やむなく法定後見制度を利用して、職業後見人がつきました。

しばらくして、村田さんの長女が私立の大学に合格。父親の意思がはっきりしているときに、大学の入学金は出してくれると言っていたので、成年後見人に父親の口座から学費を捻出したいと相談したのです。すると「お父様のために使う大切なお金なので、入学金を出すことはできない」とそっけない返事が返ってきて、驚いたそうです。介護施設の利用料が毎月25万、年金は月額18万円が入ってきますが、毎月7万の赤字になります。今後、認知症が重症化して、施設が変わるともっと費用がかかると説明を受けて、しぶしぶ納得されたそうです。

実はこうしたケースは珍しくはありません。いくら意思がはっきりしているときに、約束をしたからといっても、認知症になってしまうとその通りに財産を使うことはできません。法定後見制度の趣旨は本人の財産を維持保全することが目的ですから、職業後見人としても首を縦に振ることはできないのです。

法定後見制度を利用するということは、被後見人の財産は家族の手を離れると思ったほうがよいでしょう。

2つ目の理由が、法定後見制度はすべての財産が家庭裁判所の管理下に置かれるということです。

法定後見制度によって後見人がつくということは、被後見人のすべての財産を管理することになります。特定の財産だけを指定して、法定後見制度の保護下にするということはできません。あらゆる財産が管理対象となるのです。介護費用に預貯金を使いたい、実家を売却するため、また遺産分割協議に参加するためなど後見人をつける理由は様々ですが、理由によって財産の範囲が特定されるわけではないのです。

「自宅を売って介護施設の入居費用に充てたい」

このように考えて、実際に売却したとしても後見制度は終わるわけではなく、継続して被後見人の財産を守っていくことになります。不動産の売却が終わったからといって、後見制度を取り止めることはできません。本人が亡くなるまでずっと続くことになります。その間、すべての財産が家庭裁判所の管理下になり、全くの赤の他人が、あなたの親の財産を管理することになるのです。そのため、両親の財産はよほどの理由がない限り、活用することができなくなります。

3つ目の理由が費用です。

法定後見制度において、弁護士や司法書士などの職業後見人がついた場合に、その費用を負担する必要があります。その費用は、一時的なものではなく亡くなるまでずっと負担し続けなくてはいけません。私が面談でお会いした資産家は、財産規模を大きかったからでしょうか。職業後見人の弁護士に毎月5万円、年間60万円もの報酬を支払っていました。

弁護士の後見人は、あくまでも事務的な手続きをするだけで、施設に入っている父にほとんど会うこともないのに毎月5万円も取られるのは理不尽すぎると憤っていました。

成年後見人（職業後見人の場合）の費用目安
・管理財産額1000万円～5000万円　基本報酬額月額3～4万円
・管理財産額5000万円以上　基本報酬額月額5～6万円
出典：東京家庭裁判所成年後見人等の報酬額のめやすより

それでは、家族が後見人になったら費用はかからないのでしょうか。もちろん、家族が後見人として、申し立てをすることも可能です。しかし、現状親族が後見人になる割合は、約3割でほとんど士業の職業後見人が家庭裁判所から選任されます。もし、後見人になれた場合でも、監督人がつきます。この場合、後見監督人は管理財産額が5000万円以下の場合は、月額1～2万円、5000万円を超える場合は、月額2・5万～3万円と裁判所で定められています。

法定後見制度は職業後見人には毎月費用がかかる上で、財産はほぼ凍結状態で、処分運用には家庭裁判所の許可が求められます。後見人を利用した方々の声をもっと吸い上げて、これからもっと制度が改良されていかないとこれ以上の普及は望めないでしょう。

法定後見制度を利用するきっかけは「お金」

法定後見制度は判断能力が低下している人のために、その人が生活するうえでトラブルに巻き込まれないよう、後見人が生活をサポートすることを趣旨とする制度です。

判断能力がなくなると、生活上様々な場面で不都合が出てきます。その不都合を解消するために法定後見制度を利用する人がいるのですが、どのような不都合を解消するために制度を利用しているのでしょうか。法定後見制度を利用する人の動機についてみていきたいと思います。

一位は、ダントツで預貯金を銀行の口座から引きおろすことができないことです。家族が本人の口座から引き下ろす理由は様々で、代表的なものが介護施設に支払う入所一時金や毎月の介護施設利用料、さらに医療費や生活費です。家族も積極的に法定後見制度を利用しているわけではなく、本人に代わって家族が銀行に出向いた時に、「口座から現金を引きおろすには、後見人になってください」と銀行員から言われて、家族がやむなく後見

図2-3　法定後見制度を利用する理由

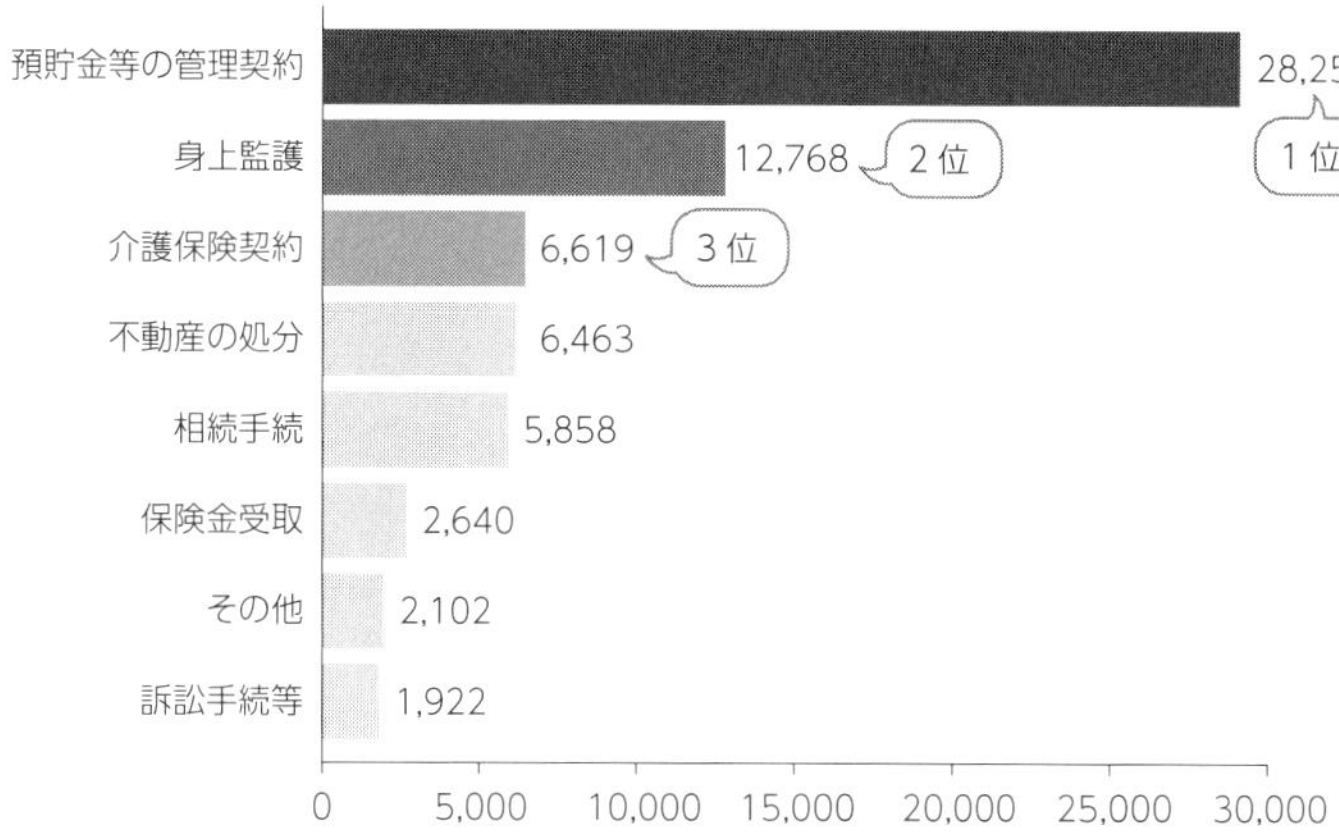

出典：成年後見関係事件の概況　平成28年1月～12月　最高裁判所事務総局家庭局

制度を利用するのです。金融機関は、口座名義の本人でなければ、いくら家族が窓口で手続きしようとしたとしても、本人の意思確認ができないと引き下ろしの手続きには応じないのです。

ではなぜ、金融機関は、家族であることがわかっているのに口座から預金の引き下ろしをさせてくれないのでしょうか。それには金融機関が相続トラブルを回避したいという考えがあります。たとえば、認知症になった父親名義の口座は、配偶者の奥様が生活費としてお金を定期的に引き出しています。このご夫婦にはお二人の成人した子供がいます。父親が亡くなれば、奥様とともに子どもたちも相続人になります。その時、母親と子どもが仲違いしていれば、判断能力を失っていることわかっているにもかかわらず、母親が父名義の口座から預金を引き出していたことを黙認していたと、銀行は子供から訴えられる危険性があるのです。

認知症が引き起こすトラブルには家族信託と任意後見が最適

法定後見制度は、利用している現場の声から「利用してよかった」という声はあまり聞こえてきません。しかし、成年後見制度の「任意後見制度」は、家族信託と併用すると大きな力を発揮してくれる有効な方法です。財産管理は家族信託を活用して行い、日常生活の諸手続きや介護のサポートという身上監護は任意後見制度で利用するといった具合です。

家族信託と任意後見制度は、認知症に対するある種の予防医療の一つだということです。認知症になり判断能力が失われてしまえば、日常生活を送るために必要な手続きが取れなくなりますし、財産を維持していくこともままなりません。そんなときに、あらかじめ家族信託で財産管理、そして任意後見制度で生活サポートを設計しておけば、予想されるトラブルにもきちんと対処することが可能です。

図2-4

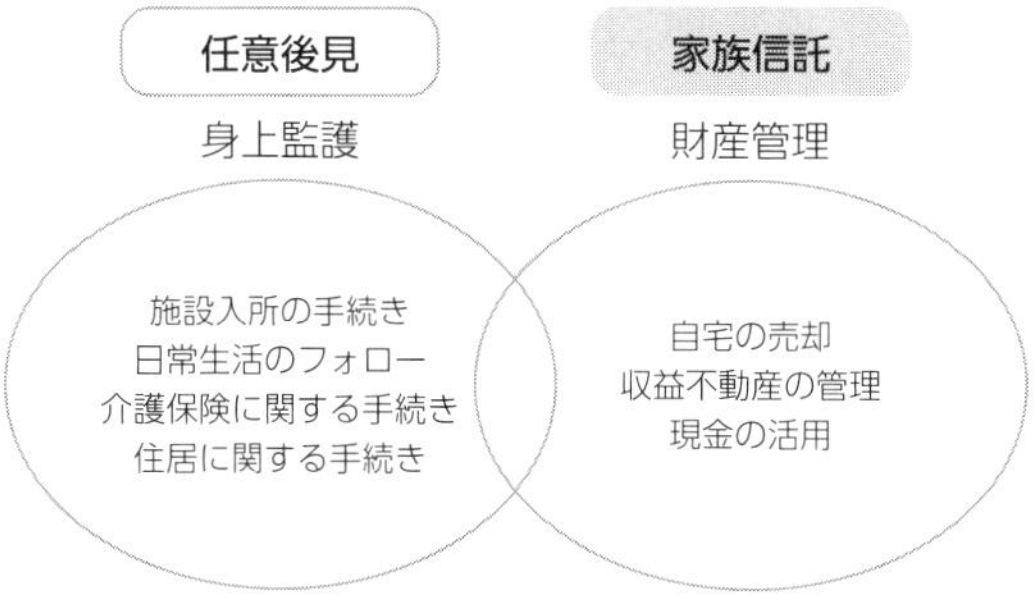

第5章の家族信託事例紹介の関根さんは、両制度を上手に利用したケースです。ぜひ参考にしてみてください。

第3章

家族信託は認知症対策・相続対策のイノベーション

家族信託はこれまでの認知症対策、相続対策に対するイノベーションともいえる画期的な手法です。

イノベーションと聞いて、あなたは何を思いつくでしょうか。イノベーションとは、「従来のモノ、仕組み、組織などを改革して、社会的に意義のある新たな価値を創造し、社会に大きな変化をもたらす活動全般」を指します。身近なイノベーションと言えば、iPhoneでしょう。私が大学を卒業する頃に、世の中に携帯電話が出始めました。当時、大学生で持っている人は皆無で、一部の会社の社長が所有するものでした。外出先で、歩きがながら電話で話せることは衝撃的でしたが、当時の機能は通話機能のみです。いまでは、その携帯が革新的に変貌してインターネットに繋がり、音楽も聴ける、ゲームも可能、さらにカード決済機能までついて買い物までできる、これをイノベーションと言わずになんと言えばいいのでしょう。iPhoneを通じて、家族や知人とのコミュニケーションスピードは速くなり、仕事の効率性も格段に上がり、もはや携帯電話という概念はなくなっているでしょう。家族信託はiPhoneと同じく、これまでの常識をまったく作り変えてしまうだけのポテンシャルを持つ手法だと確信しています。

この章では、なぜ家族信託が認知症対策、相続対策のイノベーションといえるのか、その魅力とメリットを中心に、家族信託をイノベーションたらしめる3つの特徴についてご紹介していきます。

認知症になっても財産が凍結せず、財産管理ができる

家族信託の一番のイノベーションは、認知症による財産凍結問題の解決です。認知症になると判断能力が失われるため、契約行為ができなくなります。すると、所有していた財産の売買はもちろん、預金の引き出しもままならなくなります。この点、家族信託を利用して、財産の管理運営を信頼のできる子どもに任せることで、たとえ本人が認知症になったとしても、子どもの権限によって財産を管理、運営、売却することができるのです。

また、家族信託の特徴のひとつに財産の分別管理があります。

家族信託ではすべての財産を託して預けるのではなく、財産の一部を指定して信託契約を結ぶことになります。そして、預けられた財産は、本人の財産とは分けて管理することになります。つまり、家族信託は、本人のお財布から別のお財布にわけて、その別のお財布に入った財産を信頼のおける家族に運営を任せるということです。

例えば、3000万円の現金のうち、1000万円を家族信託で管理する財布に分け、残りの2000万をそのままの本人の名義で管理します。そうすると、ご自身が認知症になったとしても、「別の財布」で管理している1000万円は、信託契約に基づいて、本人の介護費用の支払いだけでなく、収益不動産の購入や贈与をすることもできます。

これらの活用方法は、すべて事前の信託契約に基づいて行われます。もし、何もしていなかったら、本人が認知症になった場合に、いくら両親のためだと言っても、勝手に引き出したり、活用することはできません。今の民法では事前に対策をしていなければ、思うような財産管理をできなくなるリスクがあるのです。ただ、認知症になる前に家族信託を利用していれば、分けて管理をしておいた1000万円については、管理を託されたお子さまの判断で両親のために使うことができるようになるのです。

この家族信託を利用し、財産の一部を別の財布を移して管理することによって、認知症による財産凍結を回避することができ、その資産は家族で管理することができます。具体的には、子どもの判断によって、両親が所有する収益不動産の管理や施設に入居して空き家になってしまった自宅の売却、さらに現金を収益不動産へ組み替えることもできます。

認知症によって意思能力が失われたときに、従来取られてきた対応が法定後見制度の利用です。ただ、前章でもお伝えしたように、法定後見制度では家族信託のような自由な財産管理はできません。財産の分別管理はできませんし、財産の売却に関してもいちいち家庭裁判所にお伺いを立てる必要があります。また、お伺いを立てたとしても、許可が下りるとは限りません。そもそも法定後見制度の目的は、資産の活用よりも資産の維持に重点が置かれているので、どうしても限界があります。もし、家族信託を利用せずに両親が認知症になってしまったら、介護費用の工面で大変な苦労をすることになりかねないのです。

こうした制度の限界に風穴を開けたものが家族信託です。

家族信託では、信託契約の目的に沿って、それぞれの家庭にあった財産管理を行うことができるのです。さらに財産の管理運用、売却に関しては、家庭裁判所にお伺いを立てる必要はありません。家族の負担は小さく、時間と裁判所とのやりとりの手間暇を取られることもないのです。家族信託は、財産管理をお願いする両親だけでなく、その家族、そして家族の配偶者の負担もなく、経済的なメリットを享受することができます。

遺言の限界を大きく超える！ 財産を渡す順番を決められる

日本は、遺言後進国です。遺言を書く人は、一年間に亡くなる人のおよそ7％しかいません。9割以上の方々が遺言を書かずに亡くなっています。今の法律では、財産承継にあたって遺言が一番に優先されます。親が長男に自宅と現金3000万を渡したいと遺言を残せば、その通りに承継されます。遺言の効果は絶大ですが、遺言で財産の承継先を指定できるのは一代かぎりです。

長男に二人の子どもがいるケース、つまり親にとっては孫が2人いるケースで考えてみましょう。孫のうち一人は小さいころからよく懐いて、週末には一人でも泊まりに来てくれるようなおじいちゃん子、おばあちゃん子です。もう一人の孫は、家によりつかないだけでなく、生活態度を注意すると、ふてくされるばかりか、こちらを威嚇してくるような状況です。長男に財産を遺すことには異存はありませんが、素行不良の孫には自分の財産を渡したくないと考えています。自分が亡くなった後、長男にすべての財産を渡し、長男が亡くなった後は、その財産を懐いてくれている孫にあげてほしいと遺言に遺すことは可能でしょうか。

図3-1

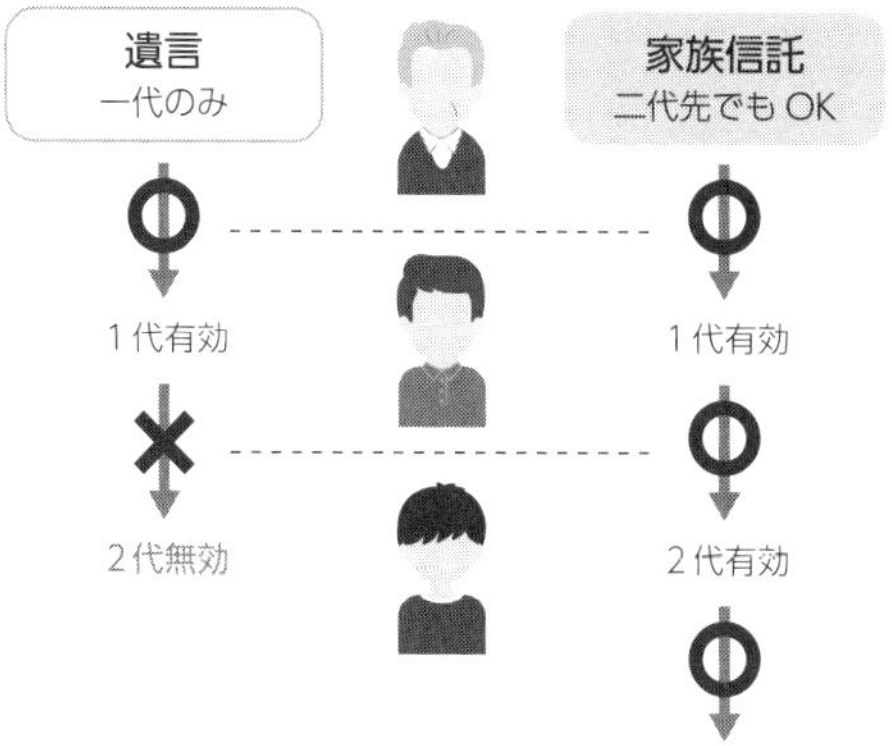

残念ながら、現在の遺言制度では財産の承継先を一代まででしか指定することはできません。本人が亡くなった後は、あくまでも長男の意志によって財産がどのように承継されるのかが決定されます。

遺言は、誰に財産を渡したいかは自由に決めることができます。それが、特定の寄付団体でも、愛人でも、介護でお世話になった他人でも、誰でも指定することができます。財産の承継先は自由に選べても、承継先の指定は一代限りです。これが遺言の限界です。

また、たとえ遺言で財産を遺す人とその財産の内容を指定しても、遺言通りに財産が分けられるとも限りません。相続人の間で財産の承継先について打ち合わせを行う遺産分割協議において、新たに取り決めた財産の分け方に相続人の全員が納得すれば、遺言に書かれた内容通りに財産を承継させる必要はないのです。このように、一見すると完璧な遺言でも実はいろいろな落とし穴があるのです。

ここで効果を発揮するのが家族信託です。実は、家族信託では世代を超えて財産の承継先の順番を決めることができます。遺言ではできなかったことが、家族信託では可能です。さきほどの事例にあった、素行不良の孫に財産を渡さないとすることもできるのです。

また、次のような事例もコンサルティングの現場ではよくある話です。自宅を長男が引き継ぎ、長男の死後は長男の嫁、そして長男の嫁が亡くなった後は、次男の息子に引き継がせるという事例です。もし、長男に子どもがおらず対策をしなければ長男の嫁が亡くなった後は、自宅は嫁の家系に流出してしまいます。先祖代々、守ってきた土地や家屋があるという方には、我慢ができないところでしょう。家族信託を活用すれば、「自分が亡くなった後は、自宅は本家で使い続けて欲しい」という家督相続でありがちな願いを実現することができます。また、家族信託ではまだ生まれていない孫に承継先を指定したいという願いも実現することができます。

なお、家族信託でも財産の承継先を何代も先まで指定できるわけではありません。指定できる期間は30年間と定められています。30年という期間の定めはありますが、遺言ではできなかった、世代を超えた財産の承継先の指定ができるようになるのです。

このように家族信託では、遺言と同じ機能をもち、財産の承継先を決めていくことが可能です。しかも、遺言の場合は財産の承継先は一代限りですが、家族信託であれば、一代、二代、三代と指定することができます。そればかりか、一旦次男の血筋に相続された財産を長男の血筋にブーメランのように戻すことも可能です。

地主や資産家の家督相続の方だけの方法ではありません。今までの家族間の付き合いで、この財産をこの人に渡した後に、確実にある人に渡したいという強い想いがある方にとっては、家族信託はまさに救世主になってくれるはずです。

相続の面倒な手間から解放される

3つ目のイノベーションは、相続の手続きに取られる手間と時間の短縮です。

相続が発生すると、およそ90種類もの手続きが必要と言われています。サラリーマンとして働きながら、また家庭で家事や育児をこなしながら、これだけの手続きを行うのは本当に骨が折れる作業です。書類仕事だけならまだしも、お金に絡むことなので人間関係での悩みも出てきます。良かれと思って家族を代表して手続きを行ったにも関わらず、親族の心無い言葉で傷つき、相続をきっかけに精神的に病んでしまう方や親戚付き合いを辞めてしまう方もいるほどです。

相続が発生した場合、様々な相続手続きを家族の誰が中心となって行うのかを決めなくてはいけません。ご両親のうち、どちらかが亡くなった場合、配偶者もご高齢であることが多いので、お子さまのうちの誰かが代表して相続手続きを行うことになります。しかし、実家が福岡にあり、子ども達が東京に自宅を構えているといった場合、そう簡単にはいきません。手続きで毎回仕事の合間を縫って福岡に帰るのは時間も取られますし、往復の交通費もばかになりません。相続が発生してから相続税の申告までの10ヶ月は悲しみにくれる間もなく、家族の時間を奪っていきます。

実は、家族信託を活用すればこうした煩雑な相続手続きから解放されます。

たとえば、信託契約において、自宅の承継先を父親から長男へと指定されている場合は、不動産の登記変更手続きだけで済みます。登録免許税もたったの１０００円です。

遺言がない場合は、相続人の間で財産の配分を話し合う遺産分割協議が行われますが、家族信託で承継先が指定されているのであればその必要もありません。また、信託財産と

図3-3　家族信託のイノベーション

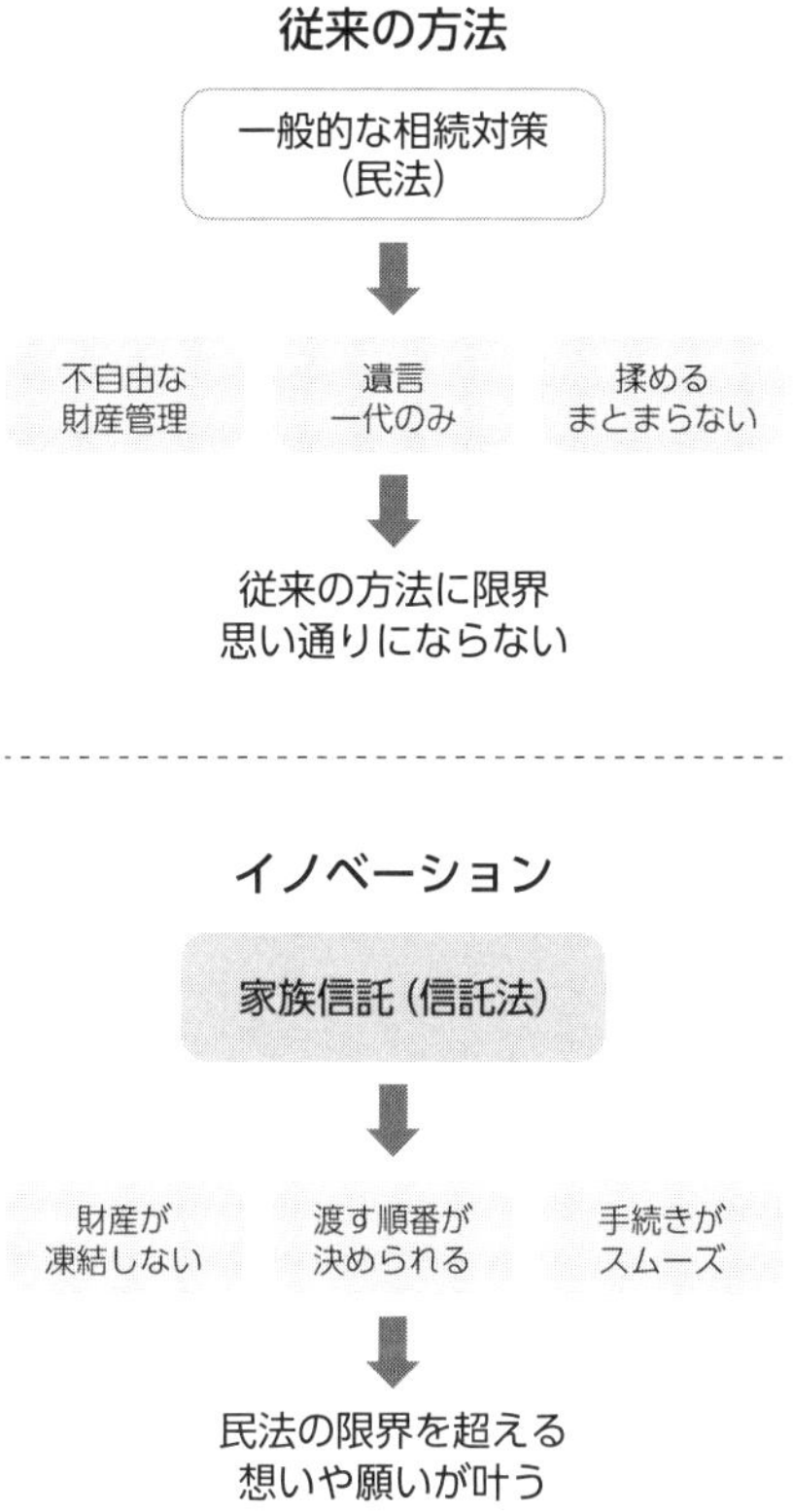

いう別の財布で管理されているので、相続発生後によく起きる問題として、金融機関から口座を凍結されるという心配もいりません。家族信託は、相続発生後の手続きの時間を大幅に削減することによって、相続人の貴重な時間を奪うことなく進められます。

これからの時代は、貴重な資源である時間の有効活用も長い人生において考慮しなくてはいけません。

イノベーションの副産物 「家族の絆が深まる」

今まで、300名以上の家族信託のご相談に関わってきて、あることに気づきました。家族信託を利用した方も、またそうでない方にも共通しています。それは、家族信託を検討し始めてから家族の絆が深まるということです。専門書ではほとんど触れられないことですが、家族信託を検討し、進めていくなかで家族の絆が自然と深まります。

従来の相続対策では、財産を持っている方が、家族に相談せずに、こっそりと遺言書を作成したり、節税対策で借り入れを利用して収益不動産を購入するということは、決して珍しいケースではありませんでした。子ども達に財産内容を話すことによって、兄弟で揉め事を起こす材料にはしたくないという親心があるゆえ、理想とする相続のかたちを一人で考えて、実行してしまうケースです。なかには、うまくいくケースもあるでしょうが、親と子どもの考えが全く違っていて、なぜ生前に相談してくれなかったと思う子どもたちも多いことでしょう。

その点、家族信託は一人では絶対に成立しない特徴を持っています。家族信託は、財産を預ける人、財産を預かり管理運営する人、財産から得られる利益を受け取る人が必要です。誰一人欠けても、信託契約は成立しません。従来の相続対策と異なり、家族に黙って家族信託を進めることはできないのです。

ここで私の事例をご紹介します。実は、私自身も家族信託を利用しています。目的は、父が認知症になった時に自宅を売却して、介護費用を捻出し、父親の生活をサポートするためです。私の父は、高度経済成長期に猛烈に働いていた典型的なサラリーマンでした。この2年程前から大好きなゴルフもやめ、言動の繰り返しが目立つようになってから父が認知症になるかもしれないと感じるようになりました。

父が認知症になると、財産は凍結してしまいます。子供として、父に一日でも長生きして欲しいと願っていますが、介護期間の長期化を考えれば、介護費用をどのように工面していくかも現実的な問題として検討する必要がありました。私には、子どもが2人いて、これから養育費が本格的にかかりだす時期です。

介護費用を簡単に立て替えることもできません。お金が足りなくなることを想定して、実家を売却することを考えていました。しかし、ひとたび認知症になると実家の売却は簡単にはできません。そこで両親、姉とも話し合って家族信託を利用することに決めました。

家族信託を利用したおかげで、得られた効果は2つあります。ひとつが実家を売却する権利を持つことによって、将来の介護費用という心配の種を取り除くことができたことです。長寿化が進むにつれて、これから認知症はより身近な病気になります。そして、認知症に伴う介護費用も家族信託を利用することによって、上手に備えることができるようになるのです。これからは、私のようなごく普通の家庭でも家族信託を備える時代がやってくるはずです。

もうひとつが、家族信託のイノベーションの副産物、家族の絆が深まったことです。これは本当に思わぬ副産物したが、こちらの効果の方がありがたみを感じています。今まで、親の介護を含めて、家族の相続について話せなかったことを、姉弟間で話せたことは、非常に良かったと思っています。家族が、家族信託を通して、一枚岩になっていく感覚です。一年経ってもその絆は、家族で集まった時の些細な会話の中でも感じることができます。信託契約は、かかった時間や費用以上に価値があったと確信しています。

どこの家庭でも自分の親に、「遺言を書いてくれないか」とは言いづらいでしょう。しかし、「将来の介護をサポートするために家族信託を検討してくれないか」とは、自然と言えるのではないでしょうか。私も同じ言い方で、父親を説得することができたのです。

相続は、極めてデリケートな話ですが、いずれは誰もが必ず向き合わなければいけません。家族信託をきっかけに、先送りしがちな相続についても話し合いができたのです。家族信託は、家族がチーム一丸となって作り上げていくものなので、当然と母親と徳島で暮らす姉とも直接話し合い、両親の介護についてはもちろん、話が膨らみ、将来のお墓についても話し合うこともできました。

このように家族信託は、家族で理想とする「将来の生活」そして「円満相続」に向けて、話し合いを重ねていきます。家族信託の存在を知った長男がまずは長女に内容を説明をして同意を得ます。そして、財産を持っている父か母に家族信託の概要を説明します。簡単な話しではないので、一度で納得することはありません。高齢の両親にとっては、初めて耳にする話ですが、認知症や介護の話となると聞き流すことはできません。両親からしたら、前から気にはなっていたが先送りしていた問題を話すきっかけを子どもから話しをしてくれたことに驚き、仲たがいをすることもあるかもしれません。

しかし、家族信託をきっかけに話す機会がなければ、そのままずっと亡くなるまで話をしなかったという方もいらっしゃいました。また話し合いの結果、家族信託を利用しなくても幸せになる方法もあるということに気づいた方もいらっしゃいます。

ご両親には、これからどのように豊かな生活を送ってほしいのか、そして円満相続に向けて目的が一致しているのであれば、家族信託を通じて、家族の絆も深まるはずです。イノベーションの副産物、家族信託を通じた家族の絆の深化、あなたにもぜひ実感して欲しいと思っております。

7年ぶりに再会した長男と和解

私自身の事例だけではなく、家族信託で家族の絆が再びつながったお客様の事例もご紹介します。相談者の竹村さん（仮名）は、茨城県取手市で両親と同居をしています。ここ最近は、88歳の父親は耳が遠くなり、さらには82歳の母が10代の頃の昔話を頻繁にするようになってからというもの、二人の認知症が気になり始めました。父親は、もともと市役所勤めの公務員をしていたこともあり、退職金と年金で余裕のある生活をしています。しかし、二人同時に介護施設に入った時に、すべての面倒を見ている竹村さんは毎月の費用を払えるか心配でなりません。

両親の面倒を見ている長女の竹村さんに対して、両親は大変感謝しており、口癖のように、財産は竹村さんに渡したいとは言ってくれるといいます。竹村さんには弟がおり、彼は結婚して大阪に住んでいます。某大手ガス会社に勤めており、子供も二人います。しかし、親の面倒は、ずっと長女の竹村さんに任せきりで、仕事を理由に実家にも寄り付きません。そんな時、竹村さんはある新聞記事を読んで家族信託に興味を持つようになりました。認知症になり施設に入った時は、介護費用を捻出するには、実家を売るしかない。自分一人で戸建て住むには広すぎるし、親が希望とする介護施設に入ってもらうには、売却という選択肢以外は考えられないようになりました。本来なら弟にも考えて欲しいところですが、もう7年近く話しもしていません。

両親の面倒を見ることに不満があるわけではないのですが、無関心な弟のことを考えると割り切れない気持ちになります。

家族信託を利用する際には、竹村さんがご両親の財産を管理するつもりでしたが、家族信託は家族全員の同意を得ることが理想です。もう7年も会っていない弟にどう説明したらいいのか、そもそも説明する必要はあるのと葛藤されていましたが、黙って家族信託を進めると後で揉め事になることもわかっていました。

この家族信託をきっかけに、信託契約の内容を説明するために大阪に出向きました。実に7年ぶりの再会です。話し合う中で弟は自分が何もできないことをずっと申し訳ないと思っていたことや、さらに、竹村さんが親の面倒を見てくれることに感謝していることが分かり、竹村さんは胸がいっぱいになったそうです。これからの介護のこと、自宅の売却のこと、そして、お互いの今までの生活のことなどいろいろ家族信託以外のことでも話が及んだそうです。

竹村さん両親の財産を管理ができなくなった時に備えて、次の管理人になることも快諾してくれました。また、竹村さんが考えていた、いざ認知症になった際には、自宅を売却して介護費用を捻出することに同意、サポートとしていきたいと言ってくれたそうです。

親が亡くなってから、子供同士で財産の承継先を決める遺産分割協議があります。ここで話すことは文字通り遺産をどう分けるかについてです。お互いの利害の話になりがちなので、これではいくら家族とはいえ揉めてしまうのも無理はありません。一方、家族信託はご両親が今後どうやって豊かで心穏やかな生活を送れるのかを、家族全員で話し合う場です。愛情を持って育ててくれたご両親の快適な生活をサポートしてあげたいという想いは家族全員に共通しているはずです。両親のためという共通の願いの元に、信託契約の内容を作り上げていくのです。こうした過程で、家族の絆が育まれていきます。これが家族信託の思わぬ副産物です。

幸せな相続を迎える一番の秘訣は、竹村さんのケースのように、家族全員が一丸となって、いずれ起こる相続について話し合い、協力し合える関係を築くことです。家族信託ならご両親が豊かな老後生活をいかに送ることができるかを一番に考えて、その後の相続プランを設計するので、相続問題を家族で話し合うきっかけとしては最適です。ぜひ、家族信託の隠れた副産物（家族の絆）を体験して欲しいと思います。

第4章

家族信託の基本的な仕組み

さて、ここからはいよいよ家族信託の基本的な仕組みについてご紹介していきます。

平成18年に信託法が改正され家族信託が誕生してから10年が経ちました。

この1年ぐらいで、家族信託関連の書籍もよく目にするようになりました。こうした書籍のほとんどが、司法書士、弁護士、税理士の先生によって書かれた本で、正しい知識や使い方について書かれているのですが、専門用語が多用されており、一般の方にとってなじみやすいものとはいえませんでした。複雑で難解。それがこれまでの家族信託に関する書籍です。

私たちは毎月、家族信託セミナーを定期開催しており、50歳から70歳ぐらいのお客様がよくいらっしゃいます。講演で面と向かって伝えていたとしても、一回聞いただけで理解できないとの声もいただくのです。特に70歳を越えるような方にとっては、一回聞いたぐらいでは、なかなか理解しづらいのが現状です。

そこでこの章では、できるだけ専門用語を使わず、家族信託の仕組みがわかるようお伝えしていきたいと思います。大事なことは家族信託や相続に関する専門用語を覚えることではありません。あなたやあなたのご家族が家族信託を通じて幸せになる方法を理解すること、選択すること、そして実行することです。

そして、家族信託を比較する上で、遺言や後見制度などのこれまでの相続対策との違いや関連性を理解していただければと思います。家族信託はあなたとあなたのご家族がこれからも幸せに豊かになるための有効な手法ではありますが、家族信託だけが幸せを持たらす鍵になるわけではありません。

それぞれの特徴を見極めながら、家族信託とあわせて活用を検討していきましょう。

繰り返しますが、大切なことは、専門用語を覚えることではなく、あなたやあなたのご家族が幸せになるための方法を理解して、選択して、実行することです。それでは、あなたのご家族が幸せになる家族信託の仕組みからおさえていきましょう。

家族信託の基本パターンをおぼえよう

家族信託は、財産を管理するための数ある手法のひとつです。

お財布の中に入っているお金は、あなた自身が無くさないように大切に保管し、食品や洋服、書籍などの商品を購入するために使用し、また利殖のために運用することもあるかもしれません。これが幼い子どもが毎年もらうお年玉の場合はどうでしょうか。お年玉は親であるあなたが保管して、おもちゃを買うためにお年玉を使ってあげ、将来に備えて貯金するかもしれません。このように判断能力がない家族のために、当たり前のように行っている行為を、あらためて法律の定めに基づいて財産管理を行う手法が家族信託です。

財産を持っている人自身が管理、運営するのではなく、信頼できる人に任せて財産を管理、運用してもらうのです。さきほどのお年玉の事例のように、管理運営をするのは親であっても、そのお年玉を使っておもちゃやゲームを買ってもらうなどして、直接的な利益を得るのは子どもです。実際、家族信託を利用していない人でも、このような財産管理を行っている人は、世の中にたくさんいらっしゃいます。

では、ここでより具体的な事例で家族信託について理解を深めていきましょう。

80歳になる母親はアパートを所有しており、毎月家賃収入が入ってきます。介護施設に入るほどではありませんが、昔のように旅行に出かけるほど元気はありません。アパートを所有するということは、不動産賃貸業という事業をしていることと同じです。高度な経営判断も必要となり、賃貸経営を行う上で様々な業務も発生します。入居者が退去した後にリフォーム工事をするための内装会社の手配、新規入居者の募集、入居者との賃貸借契約、さらに入居者からのトラブル、クレーム対応など多岐にわたります。これらの業務を

図4-1

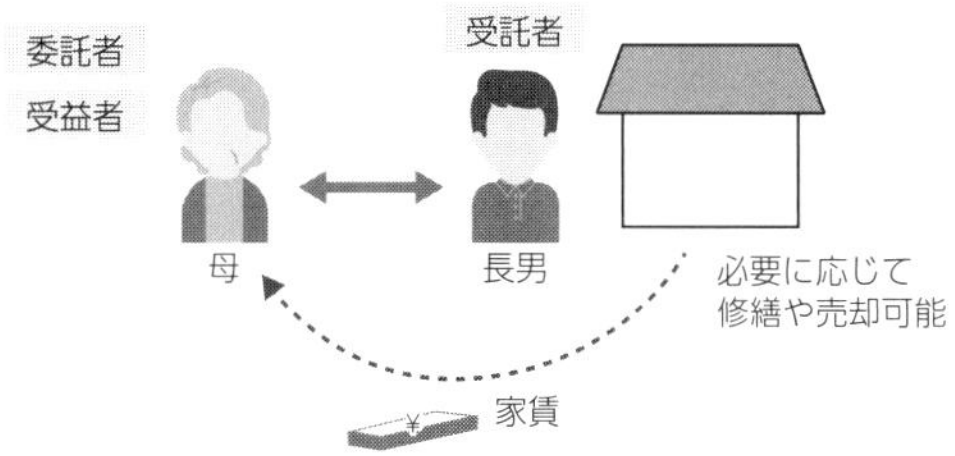

賃貸管理会社に委託するとしても、管理会社との窓口として応対する必要があります。こうしたアパート管理に関する仕事を長男が母親に代わって行っている状態です。

毎月家賃が振り込まれる口座のキャッシュカードを預かって生活費を引き下ろし、母に渡すこともあるでしょう。暗証番号を教えてもらえれば、長男でも母親名義の口座からお金を引き出すことはできてしまいます。母親名義のアパートを長男が窓口になって行い、家賃収入は両親が使う。こうした財産管理の状態を法律の裏付けのもとに行うようにするのが、家族信託です。

家族信託の肝は「財産を預ける人」と「財産を預かる人」そして財産管理の「目的」

家族信託に欠かせないものが3つあります。

それは、財産を預ける人。もうひとつが、財産を預かる人。そして、なんのために財産の管理を行うのかという目的です。意思能力がはっきりしており、そもそも財産を預ける必要がない場合、財産管理の必要はありません。さきほどのお年玉のケースでは、子どもが成長すれば親に預けることもなくなります。さらに、アパートの事例においては、母親も健康で意思もはっきりしていれば、自分自身で管理を行うことが可能です。

また、財産を預ける人がいても、財産を預かってくれる人がいなければ、財産管理は成立しません。子どもや兄弟がいないケースや、いたとしても疎遠になっており財産を預けるだけの信頼関係を築けていなければ、家族信託はできません。

最後が財産管理の目的です。この目的の設定が家族信託で最も重要な要素です。法律の裏付けのもとに財産管理を行うわけですから、強力な権限が財産を預かる人に与えられます。何の目的もなしに、財産を預けてしまうと、ひょっとしたら財産を浪費してしまったり、財産を預けた人が思っていないような使い方をしてトラブルを招きかねません。そこで「なんのために財産を管理するのか」という目的を信託契約において設定するのです。そして、信託契約では目的に定められていない行為を行うことは認められません。

お年玉のケースを子どもの立場で考えてみましょう。子どもにとっては1年に1度、まとまったお小遣いが手に入る絶好の機会です。それを「お前はすぐに使ってしまうから」といって取りあげられてしまったら、本当に自分が使いたいときに使えるのか、ひょっとしたら日々の生活費にあてられてしまうのではないかと心配ですよね。預かってもらう際に、「自分の将来の教育資金のために使う。毎月のお小遣いとして使う。半年後に発売されるゲームを購入するために使う」とあらかじめお年玉を預かる目的を親との間で定めておくのです。これが家族信託でいうところの財産管理の目的です。目的の範囲内であれば、親はどのような形でお年玉を管理してもよいことになります。たとえば、将来の教育資金のためと定めているので、お年玉を使って学資保険に加入してもかまわないのです。つまり、信託契約で定めた目的の範囲内であれば、財産を預かる人は、預かった財産のかたちを変えてしまっても問題ないのです。

アパート経営の目的が「母親の生活資金のため」であれば、家賃収入は母親のために使われることになりますし、生活資金に加えて「将来の介護に備える」というものであれば、家賃収入の一部は貯金にまわったり、介護費用にあてることにも活用できることになります。

このように家族信託の目的をどのように設定するかによって、同じ財産を預けるにしてもその活用方法が異なってきます。それこそ、ご家庭ごとにオーダーメイドの財産管理が実現できるのです。

家族信託の登場人物　財産を預ける人、預かる人、利益を得る人

それでは、もういちど家族信託の登場人物について、さきほどのアパートの事例をもとに、掘り下げてご紹介していきます。家族信託を理解するうえでも重要なポイントになるので、しっかり押さえておきましょう。

■財産を預ける人（委託者）　母親

家族信託において財産を預ける人のことを委託者と呼びます。この委託者は、70代から90代の高齢者が一般的です。相続でいうと、財産を遺し、承継先を決定する親世代の方々です。

家族信託は、財産を預ける人が起点となって、契約内容が決定されます。信託契約を設計するにあたり、最終的な意思決定権者となり、家族信託の根幹である目的も財産を預け

る人が設定することになります。信託契約を作成するにあたって、財産を預ける人の想いが最も強く反映されます。

利益を受け取る人（受益者）　母親

家族信託の一番の主役が預けられた財産から発生した利益を受け取る人です。家族信託において、財産から生じた利益を受け取る人を受益者と呼びます。ここでのポイントは、利益を受け取る人（受益者）と財産を預ける人（委託者）は同じであるということです。私が実務で行っている信託契約のすべてがこの財産を預ける人＝利益を受け取る人のかたちです。また、法律においても利益を受け取る人は、財産を預かる人に対して、いつでも利益を受ける権利を主張できるとしっかりと法律に明記されています。

さきほどのアパートの事例でいえば、預けた財産であるアパートからは、利益である家賃収入が生まれてきます。また、アパートを売却した場合は、売却資金という利益が手に入ります。これらの利益を受け取ることができるのは、財産を預かる長男でありません。すべての利益を受け取るのは、母親になります。

■財産を預かる人(受託者) 長男

財産を預かる人は、財産の管理・運営という極めて重要な仕事を、財産を預けてくれた人のために行います。家族信託において、最も責任が重く重要な仕事を担います。この財産を預かり、管理運営していく人を家族信託では受託者と呼びます。財産を預かる人は判断能力が不足している方や減退気味の方には務めることはできません。そのため、未成年者や後見人がついている人はなることはできません。

今回は、アパートに関わる不動産管理を長男に託しています。管理を任されているからといっても、長男の判断でなんでもして良い訳ではありません。あくまでも信託契約の目的に沿って管理運用される必要があります。ただ、目的と合致しているのであれば、アパートを売却することも長男の一存で行うことが可能です。

一方で、目的にいくら沿っているからといっても、財産を預けた母には、思い入れのあるアパートと土地を手放したくない気持ちがあるかもしれません。そんな時は、財産管理の手法について制限を付けることも可能です。たとえば、生前にアパートを売却して欲しくない場合、信託契約書にその旨を明記していれば、財産を預かる長男はアパートを売却することはできません。この場合でも、目的の制限に触れない範囲内で目的に沿った財産管理運営は継続して行えます。例えば、アパートの大規模修繕工事や防犯カメラやオートロックの設置、さらにアパートを担保に入れて融資をうけ、あらたなアパートを購入するということも可能です。

さてここまでの話は、すべて母親が生前の話になります。では信託契約を交わしているときに、母親が亡くなり、相続が発生した時の信託契約はどのような効果を発揮するのでしょうか。

家族信託と相続

信託契約は生前の財産管理だけでなく、財産を預けた人が亡くなった後の財産の行き先まで指定することが可能です。

母親としては、これまでずっと面倒を見てくれている長男にこのアパートを遺してあげたいと考えています。その場合には、信託契約のなかで、生前の財産管理だけでなく、自身が亡くなった後のアパートの承継先を長男と定めます。こうすることで、遺言を書かなくても遺言と同じ機能を信託契約に持たせることが可能になります。

もし、家族信託を利用せず、遺言も残さなかったらアパートはどのような経緯をたどるのでしょうか。この場合、アパートは長男と次男の共有名義となります。もし、長男か次男のいずれかが会社からリストラされ、収入がダウンしたことによって、生活がひっ迫してくるとアパートの売却資金をあてにするかもしれません。一方は、アパートから継続した家賃収入が入ってくることに満足しています、もう一方はアパートを早く売りたくて仕方ありません。しかし、アパートを売却するには名義人全員の同意が必要になります。不動産を共有名義で所有した場合、不動産の取り扱いを巡ってそもそも揉める火種を秘めているのです。

家族信託を活用すれば、共有名義のトラブルも回避する事が可能です。

母親が生前においては、財産から得られる利益は母親が受け取る契約でした。共有名義のトラブルを回避するためには、母親が亡くなった後も信託契約を継続させ、利益を受け取る人を長男と次男になるように定めておくのです。長男が引き続きアパートの管理運営は行いますが、そこから得られる利益は長男が独占するのではなく、長男と次男で折半します。家賃収入は半分ずつもらうことができますし、もしアパートを売却したとしても、売却資金は同様に折半するのです。次男としても、アパートが欲しい訳ではなく、そこから得られる利益を受け取りたいはずですから、これで揉めることはありません。家族信託は、財産を預けた人が亡くなった後でも、契約内容次第で財産管理を継続させていくことができるのです。

預けることのできる財産と預けることのできない財産

家族信託では、すべての財産を預けるのではなく、特定の財産を選択して管理運営を委託することが可能です。財産を預かる人は、あくまでも預けられた財産についてのみ、信託契約の範囲内での管理運営を行い、その他の財産に対して影響力はありません。アパートを預かったとしたら、アパートに関して管理運営を行うことが可能ですが、そのほかの現金や株式と不動産について効果が及ぶことはありません。さらに、現金を預けるとしても、所有する1億円の現金のうち、3000万円を預けるということも可能です。このように同一種類の財産でも、割合を指定して財産を預けることができるのです。

また、預けた財産は分別して管理運用されることになります。そのためたとえ財産を預けた人が破産してしまったとしても、預けた財産に影響を及ぼすことはないのです。

さらに、どのような財産でも預けることができるわけではなく、金銭的に価値があるものが条件です。そのため、借金といったマイナスの財産や生命にかかわるもの、また肩書や待遇なども預けることはできません。

ただ、金銭的な価値がある財産でも農地の取り扱いは注意が必要です。農地は預ける財産の要件は満たしているのですが、実務上では預けられない財産の典型例です。農地と指定されている土地は、農地法によって、制限がかけられています。農業を辞めて、宅地にして家を建てたり、売却したい場合は、農業委員会への届出または許可をとらなくてはいけないというルールがあるのです。つまり、家族信託によって、農地を信託財産に組み入れても、実質農業委員会から許可が得られないと事実上、農地のままということで、効力は生じず、農地の管理を預かる人は何ら処分する権限がないことになります。

また、上場株式や投資信託は、金銭的価値のある財産ですが、これも実務上信託財産にならない財産です。その理由は、証券会社のシステム上、株式や投資信託を信託財産としての登録ができないからです。現在日本では共和証券がここに風穴を開けてくれました。金融庁からお墨付きをもらって上場株と取り扱っている投資信託を信託財産として管理できるようになりました。認知症問題に関する関心の高まりや家族信託制度の盛り上がりを考慮すれば、あと一年もすれば他の証券会社も追随してくるものと考えています。

　こうした理由から、実務上の信託財産として利用される資産は、現金と不動産が中心になります。信託契約のほぼ9割以上の信託財産は現金と不動産です。

　そんな中でも、最近では、中小企業の事業承継対策として家族信託を活用したいという相談が増えました。自社株のほとんどを所有している60代後半から70代の社長または会長が認知症になることを懸念してのご相談です。認知症になると議決権を行使することができなくなります。すると取締役の選任・解任などの重要な決議が行えなくなるのです。会社運営にも重大な問題をもたらします。そこで、事業承継対策のひとつとして、中小企業の社長が持つ自社株に対する家族信託の活用が注目を集め始めているのです。事業承継対策でも家族信託の活用が当たり前になる時代の到来を予感しています。

■信託できる財産

現金
不動産
非上場株　著作権　特許
貸付金　ペット

■信託できない財産

借金

生命、身体、名誉など

財産を預けると所有権者がかわる

家族信託において、預けた財産の所有権は、元の所有者から財産を預かる人に移ります。不動産の場合は、所有権が移転した際には、その事実を登記簿に登記する必要があります。その際の登記原因は「信託」と表記され、信託契約に基づいて所有権が移転したことが第三者からみてもわかるようになります。信託契約に基づいて財産を預けることで、所有権が移ってしまうことに、不安を感じられる方もいるかもしれません。ただ、心配はいりません。所有権が財産を預かる人に移ってしまったとしても、その財産から利益を受け取る権利は元の所有者にあります。

アパートの事例で考えてみましょう。母親と長男で信託契約を交わし、アパートを信託財産として長男が管理をしているケースです。信託契約を交わす前はアパートの所有者は

図4-2　所有権は変わっても利益を受け取る権利は変わらない

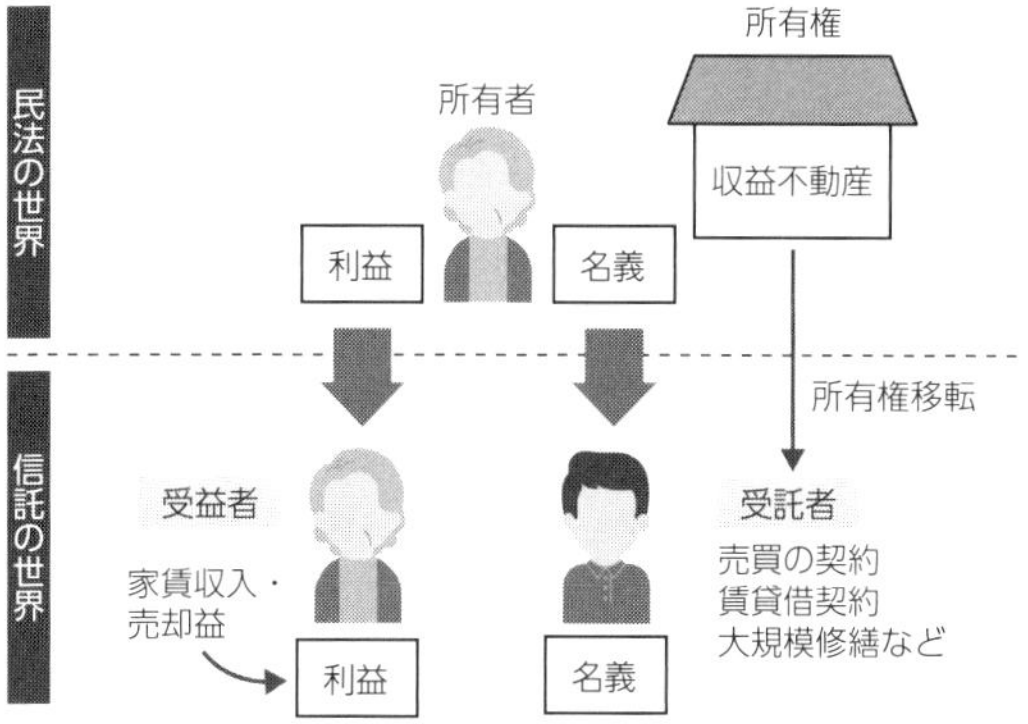

母親でした。これが信託契約を交わすことによって、所有権が長男に移ります。ただ、利益を受け取る人は母親と信託契約で設定しているため、所有権が長男に移ったとしても長男が家賃収入を受け取れるわけではありません。家賃収入を受け取ることができるのは、あくまでも母親です。

つまり、家族信託で所有権が移転するといっても、それはアパートの管理が法的にできるという「名義」上の権利であり、一番大事な家賃収入という「利益」を受け取る権利まで移転されたわけではないのです。利益を受け取る権利は財産を預けた人に変わらずあるので、今まで通り家賃収入を老後の生活費として利用することができます。

また、預けた財産の所有権を取り戻すこともできます。万が一、気が変わって家族信託を取り辞めたいと思った場合は、条件が整えば信託契約を終了させることができます。信託契約を終了させることによって、預けた財産の所有権も元の所有者に戻ります。

家族信託は遺言に常に優先する

家族信託と遺言が両方ある場合、どちらの内容が優先されて財産が承継されるのでしょうか。それは、家族信託が優先されます。具体的な事例でご紹介します。

家族信託には遺言機能があることはすでにお伝えしました。ここで、よくある質問が、家族信託をする前に遺言を書いていた場合です。

アパートを次男に渡すという遺言を2015年に書いたとしましょう。家族信託は、2017年に母親と長男との間で信託契約を交わしました。信託契約の内容には、生前は母親が家賃収入を受け取り、亡くなった後は長男が家賃収入を受け取る権利を有すると定めました。この場合、母親が亡くなった時に、長男と次男のどちらがアパートを相続するのでしょうか。この場合、家族信託は遺言に優先されるので、信託契約通りに長男にアパートを相続することになります。

　では、信託契約を先に交わして、その後に遺言を残したケースではどうでしょうか。さきほどと順序が逆になっています。2015年に信託契約を母親と長男で交わしました。契約の内容には、自身が亡くなったら、長男に渡すという条件に入れました。その2年後に母親が次男にアパートを渡すと遺言を書いたとします。

　この場合でも、長男にアパートが承継されることになります。複数の遺言があるケースでは、後に書いた日付の遺言が優先されます。それはたとえ、亡くなる1日前でも正しく遺言書が記載されていれば効力は発揮します。ただ、家族信託と遺言との比較においては、たとえ遺言が信託契約よりも後の日付であっても、信託契約の内容が優先されるのです。

　なぜなら、そもそも信託契約で財産を預けた時点で、その財産の所有権は財産を預かる人に移ります。今回のケースでいえば、母親から長男へアパートの所有権が移るのです。その後、アパートを次男に残すと遺言を書いたからといっても、この時点ですでに母親にはアパートの所有権がなく、アパートは母親の遺産ではないので、遺言内容は成立しません。

遺言は他の親族や関係者による書き直しでトラブルになりがちですが、いったん家族信託を活用して信託契約を交わしてしまえば、アパートは分別管理され、所有権も移るので、トラブルも未然に防ぐことが可能です。

家族信託の目的

家族信託は、誰のためにあるのでしょうか。それは財産を預ける人であり、財産から利益を受け取る人のためにあります。アパートの事例でまた考えてみましょう。高齢の母親はアパートの管理が難しくなっています。アパートから得られる家賃収入は母親にとって日々の生活費として大切な収入源です。年齢を重ね体力が落ちてきたり、万が一、認知症になってしまうと、アパート経営をすることはできなくなり、家賃収入を得ることも難しくなってしまいます。そのため、母親と長男の間で信託契約を交わして、アパートの管理を長男に任せることにしました。

つまり、このケースの家族信託の目的は、生活のための重要な収入源である家賃収入をこれからも受け取り続けることです。贈与や円満な相続のための家族信託ではありません。

図4-3

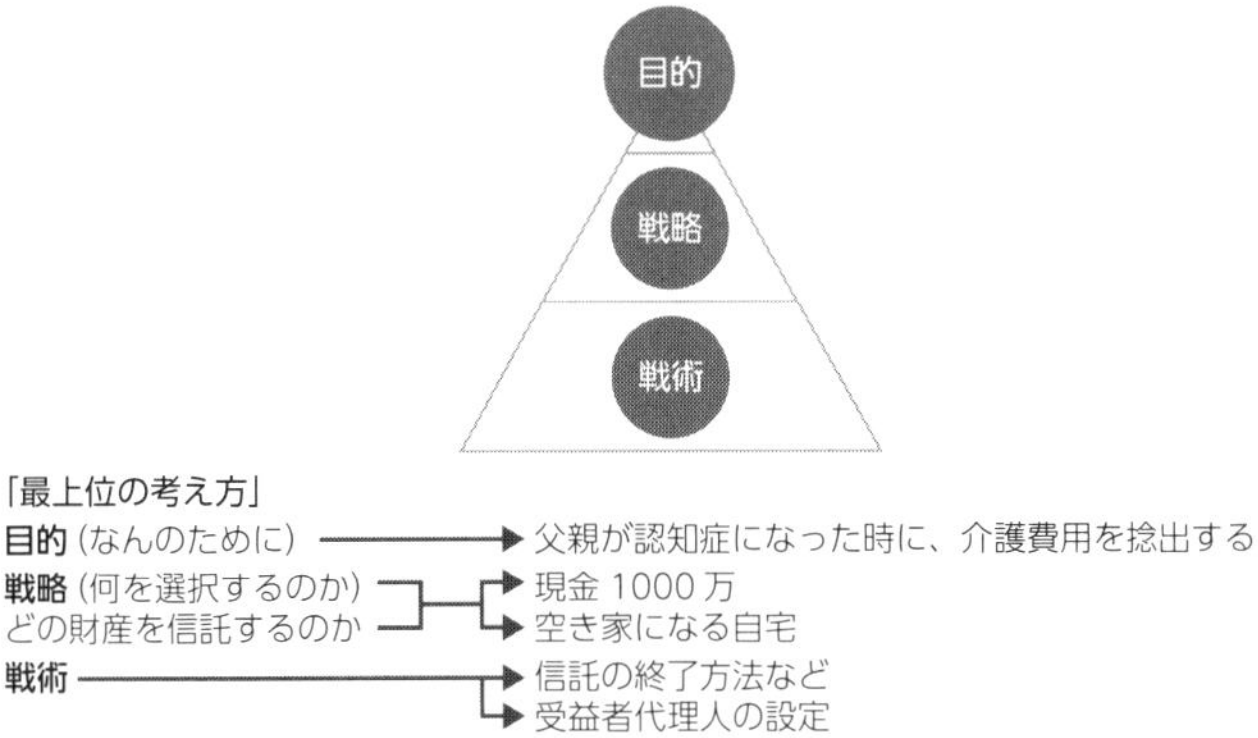

母親が将来にわたって生活費で困らないようにするための家族信託です。

なにをいまさらと思われる方もいらっしゃるかもしれませんが、家族信託を成功させるには、「目的の設定」が最も重要です。家族が納得できる良い目的を持つことが大切です。

目的があいまいだと、そもそもどこを目指しているのかが不明確になりますし、なにがゴールなのかもわかりません。そんな状態で満足いく財産管理ができるとは限りません。

一方、目的がはっきりしていれば、財産管理も首尾一貫したものとなります。母親の生活費をまかなうためのアパート管理であれば、将来に渡って安定して家賃収入を得られるよう、室内のリノベーションやアパート全体の大規模修繕工事の実施、オートロックや防犯カメラの設置など、日常的な管理運営だけでなく、自ずとアパートの収益性を高める取り組みも選択肢に入ってくるはずです。

そして、設定した目的に対しては家族全員が納得していることが欠かせません。家族信託の目的に対して共通の考え、意識を持っていなければ、個々人がそれぞれの判断で行動し、目的を達成することはできなくなります。一丸となって家族信託を実行し、成功させるには、家族が共通認識できる目的を設定することが極めて重要になります。目的なき信託は、ありえません。

後見制度と遺言、家族信託の3者比較

次は、家族信託と他の制度との違いについてお伝えしていきます。家族信託の内容をよく理解するためには、他の制度と比較して何ができて、何ができないのかを把握することは有効な手段です。ここでは法定後見制度と遺言をそれぞれの観点から家族信託と比較していきたいと思います。

生前の財産管理

生前の財産管理については、家族信託が最も得意とするところです。信託契約に基づいて預けられた財産の管理・運用・売却については、信託契約に定められた目的の範囲内であれば、財産を預かった人の権限で自由に行うことができます。

一方、法定後見制度においては財産管理の範囲は限定的です。法定後見制度はあくまでも被後見人の財産の保全が目的になるので、積極的な運用や売却はできません。財産から扶養家族に対する生活費の支給は認められますが、原則的には本人のために使われるものしか認められません。特に、介護施設に入所するために自宅を売却するといった時には、家庭裁判所の許可を得る必要があります。

ただ、法定後見制度は財産の保全を強く意識して作られている制度になるので、被後見人が行った行為に対して取消権が認められています。取消権があれば、高額商品を誤って購入してしまったとしても、あとから取り消すことが可能です。なお、おなじ成年後見制度でも、任意後見制度は取消権がないので注意が必要です。

家族信託では、預けられた財産は個人の財産とは分別して管理されるため、事前の予防にはなりますが、法定後見制度のように行ってしまった行為を取り消すだけの強い権限は有していません。

財産承継

次に財産承継について、法定後見制度と遺言、家族信託についてそれぞれの特徴を比較していきます。

まず、法定後見制度ですが被後見人が亡くなった時点で、後見業務が終了となります。そのため、本人が亡くなった後に後見人に対して財産承継の取りまとめや遺産整理などをあらかじめ依頼することはできません。後見制度はあくまでも生前における財産管理や身上監護をサポートする仕組みです。

財産承継に一般的に用いられる手法が遺言です。

遺言は、相続が発生した場合は、一番に優先され、財産の承継先を指定できます。では、遺言を書いた後に、認知症が発症した場合はどうでしょうか。それでも、遺言が取り消される訳ではありません。ただ遺言があれば遺産分割トラブルが起きないわけではありません。たとえば、主な財産がアパートしかなく、そのアパートを長男に渡すと遺言で指定した場合を考えてみてください。

その場合は、次男はまったく財産を相続する権利はないのでしょうか。実は、日本の法律では法定相続人に遺留分《いりゅうぶん》と呼ばれる、一定の財産を相続する権利が認められています。ですから、遺言でいくらすべての財産を長男に遺すと記しても、一定の財産は次男が相続する権利が認められているのです。もし、遺留分を行使されてしまうとアパートであれば、長男の単独名義の所有ではなく、長男と次男の共有名義で相続することになります。

不動産を共有名義で所有することになると、売却する際には名義人全員の同意が必要になります。長男と次男の意見がまとまらなければ、売却もままなりません。こうした状況で長男か次男が亡くなった場合、さらに相続が発生し、共有名義人が増えることになります。こうなってしまうと、ますます同意を取り付けることは困難になり、アパートは塩漬け、スラム化の可能性すらあるのです。

また、遺言が複数残されていた場合、最新の遺言に記載された内容が優先されます。80歳になる母親は足を骨折して以来、介護施設で寝たきりの生活を送っています。最近では認知症の疑いもあります。そんな時、親不孝者の次男が施設にふらっとやってきて、こう言うのです。

「お母さん、ここに少し手紙を書いてくれるかい」母親は手を震わせながら、10分以上かけて、一枚の用紙に次男が言う通りに文字を書きます。そして、三文判の印鑑を押させて、さっさと帰っていきました。その後、母親が亡くなると、次男がふらっと長男の前に現れます。

「お袋は亡くなる前に自筆で遺言を書いてくれた。すべての財産は俺にくれるんだってさ」

長男がそんなはずはないと愕然としても後の祭りです。

ドラマのワンシーンのようですが、こと相続の世界では、法律を逆手にとってしまうことがあり得るのです。遺言を書いてくれた時に、判断能力が本当にあったのかを断定することは大変難しいのです。遺言の有効性を巡って裁判になることもあるでしょう。すべては、判断能力がなくなった認知症が起因しています。遺言は、実は「絶対」がないのです。

では、財産承継について家族信託はどのように効果を発揮してくれるのでしょうか。

まず、家族信託には遺言と同じように財産の承継先を指定する機能があります。遺言は財産の承継先は一代のみですが、家族信託の場合は長男に財産を残した後に、その財産をさらに特定の孫に残すという指定まで可能です。世代を超えた財産の承継が実現できるのです。

また、家族信託は遺言に比べて法的な安定性も高い手法です。

たとえば、事前に母親と長男との間で、財産の承継先を長男に引き継がせるとした信託契約を交わします。そのあとに、悪意のある次男が母親に対して遺言を書かせたとしても、信託契約の内容が優先されます。

図4-4　法定後見制度、遺言、家族信託の費用

	法定後見制度	遺言	遺言信託（某メガバンク）財産1億円の場合	家族信託（財産1億円の場合）
財産管理（認知症対策）	△	×	×	◎
財産承継	×	○（一代のみ）	○（一代のみ）	◎（何代でも可能）
費用	10万円～	0～30万円	324,000円	100万円（契約書作成費）
ランニングコスト	1～5万円/月	※0円	遺言書保管料年間6,480円 ※遺言執行費用約200万	※0円

※書き直しの場合は、費用発生

■費用

最後に法定後見制度と遺言、家族信託の費用について確認していきます。それぞれの費用について一覧にまとめたので確認しておきましょう。

信託契約の終了も自由に決められる

法定後見制度では、被後見人が亡くなった時点で後見業務は終了します。一方、信託契約の終了事由は画一的に決められているわけではありません。家族信託には信託契約を成立させる目的がそれぞれにあり、この目的を達成したら信託契約は終了となります。

母親の認知症対策としてはじめた信託契約であれば、肝心の母親が亡くなれば、その目的もなくなります。つまり、母親が亡くなったことをもって信託

契約が終了するのです。信託契約が終了した後は、通常の相続手続きを行います。遺言があれば、遺言の通りに財産を分けることになりますし、遺言がなければ、遺産分割協議で財産の分け方を決定します。なお、信託財産は、信託契約の終了とともに元の所有者の元に戻り、コストは何もかかりません。

目的の達成のほかにも、合意による終了、そして強制終了の2つの終わらせ方がありま す。気を付けなければいけないものが、強制終了パターンです。

信託契約の設計に誤りがあれば、強制終了となってしまうのです。たとえば、母親よりも先に長男が死亡することを想定せずに設計した信託契約です。母は80歳、長男は50歳、年齢から考えれば、長男のほうが先に亡くなることは考えづらい状況です。ただ、全くないとも言い切れません。財産を預かる長男が亡くなってしまうと、次に財産を預かり管理運営してくれる人を1年以内に探さなくてはいけません。1年以内に見つけることができなければ、信託契約は終了となってしまいます。こんな時に備えて、財産の管理人も一人ではなく、第2順位まで設定することが大切です。

信託契約の設計は自宅の設計とよく似ています。自宅を設計するときには、いま現在の

図4-5　信託契約の終了

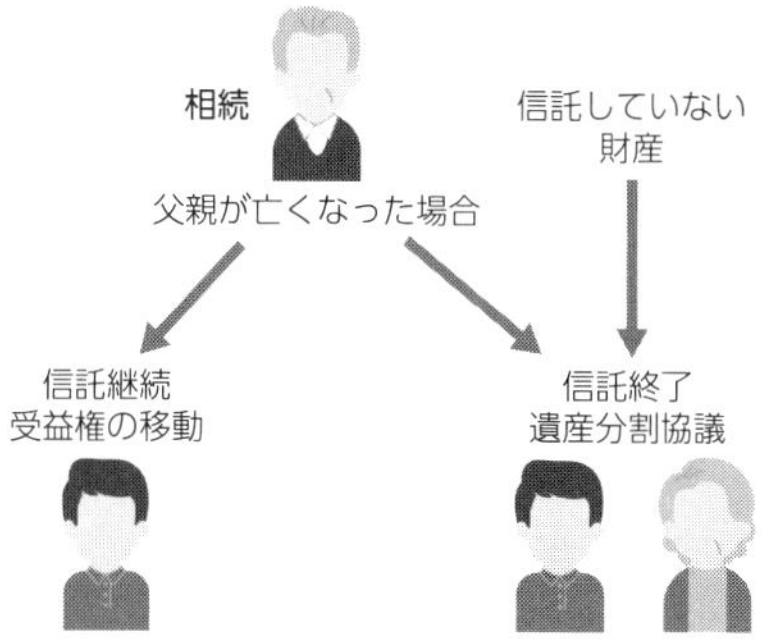

家族構成だけでなく、子どもたちが成長したときの未来の姿を思い描いて間取りを考えるはずです。家族信託も、いまの状況だけを考えるのではなく、5年後、10年後、そしてその先の生活、家族構成、環境の変化まで考えて設計する必要があります。自宅の場合であれば、設計が間違っていたとしても、お金をかけてリフォームすればよいかもしれません。しかし、家族信託の場合は違います。当初設計した信託契約の内容に不備があれば、財産管理もストップし、財産が凍結してしまうこともあるのです。

家族信託を検討する際は、信託の目的を確実に達成できるよう、いまだけではなく将来のことも見据えて契約書を設計することが大切です。

信託契約の終了の主なパターン

1　目的の達成（理想）または、目的を達成できない時

2　合意による終了

3　強制終了（最悪なパターン）

家族信託と税の関係

家族信託と「税」の問題は、気になるところだと思います。税金に関する関係を理解するためには、だれが税金の負担者であるかをまず確認することが必要です。この点、家族信託の税金に関する考え方は、難しくありません。税金を負担するのは「財産から生じる利益を得ている人」になります。

アパートの事例で考えてみましょう。母親が所有するアパートを信託財産として長男が管理しているケースです。この場合、アパートの管理運営は長男が行っていますが、家賃収入を得られるのは長男ではなく、母親になります。つまり、家賃収入を得ている母親が家賃収入分の所得税を負担することになるのです。

さきほど、所有権が財産を預かり管理運営する人に移行することをお伝え致しましたが、所有権が長男に移ったとしても、アパートから生じる利益を得ているのは母親になるので、所有権を持つ長男ではなく、母親が負担することになるのです。固定資産税についても税負担に関する原則に照らし合わせると、理解できます。所有権は長男が持っていますが、利益を得ているのは母親です。そのため、母親が固定資産税を負担することになります。ただし、実務上における固定資産税の請求は長男に対して行われます。長男が家賃収入の振り込まれる信託口口座から固定資産税相当額を支払うことで、実質的な負担を母親が担うのです。

ここまでは生前の税金の話です。次は、相続が発生した時の税の考え方についてお話しします。利益を得る人が税金を負担するという基本的な考え方はここでも変わりません。信託契約によって信託財産とされていた財産は、母親が亡くなることによって、他の財産と一緒になって財産は評価され、相続税が計算されます。そして、新たに利益を受け取ることになった人が、相続税を負担するのです。この際、相続に伴う様々な特例（小規模宅地の評価減、配偶者控除など）も条件が整っていれば、利用することができます。家族信託を利用したからといって、それが相続税の節税に直接つながるわけではありません。

これさえ押さえておけば大丈夫　税のポイント3つ

- 税の大原則、「利益を受け取る人」が課税される

●相続税の評価は信託してもしなくても変わらない
●相続の特例（配偶者控除、小規模宅地など）は信託しても利用出来る

第5章

家族信託はこうして使う《最新7実例》

家族信託の基本的な仕組みについて押さえたあとは、具体的な家族信託の適用事例を学んでさらに理解を深めていきましょう。

この章では、私が実際に信託契約をコーディネートした案件の中から、多くの方にあてはまる事例やご両親やご家族の生活を守るためにもぜひ知っておいて頂きたい事例についてご紹介していきます。あなたのご家庭の状況と照らし合わせながら、読み進めてください。

1 これで介護費用を捻出できる！長女が実家売却大成功

（相談者：高橋さん　48歳　神奈川県在住）

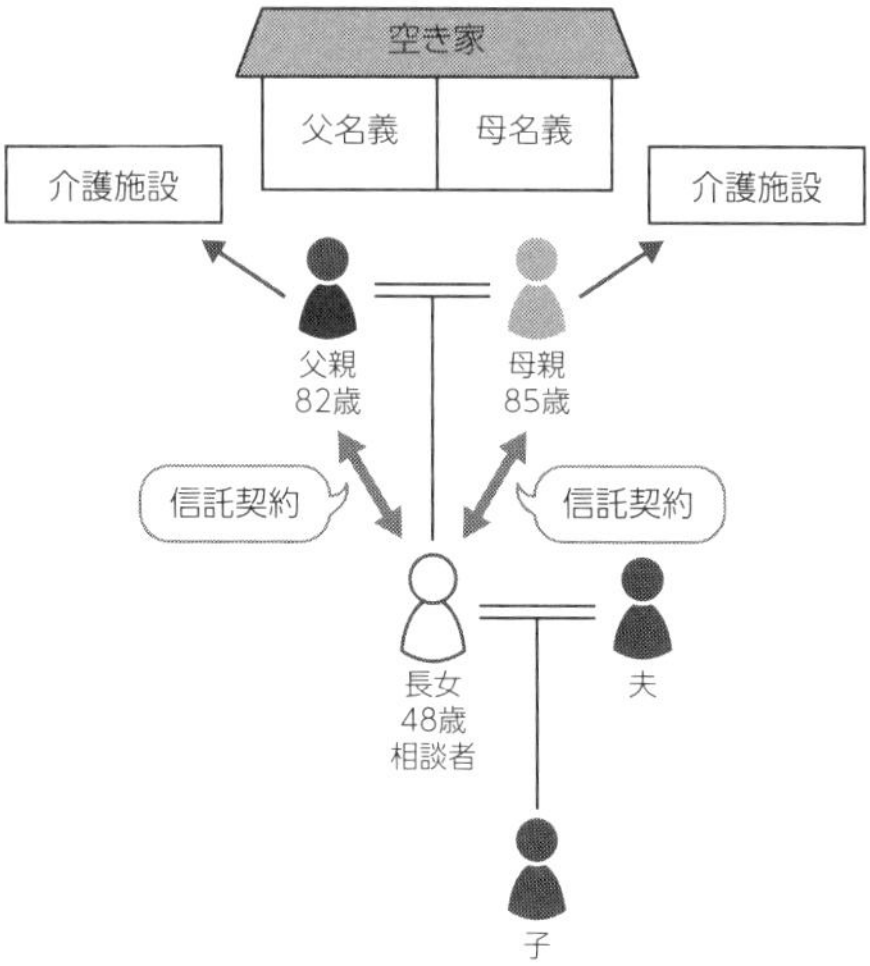

介護施設への両親の同時入居介護費用が足りない！

相談者の高橋さんのご両親は、ほぼ同時期に介護施設にご入所されました。それまでは、高齢のご両親が二人でマンションに暮らしていました。お父様の物忘れが目立つようになり、ちょっとしたことでも癇癪を起こしやすくなったと言います。そのため、お母様もストレスを蓄積されていきました。

当初は高齢化による物忘れや頑固さがひどくなった程度だと感じていたお母様ですが、そのうちご主人の認知症を疑うようになりました。さらに、日常的にご両親の間でモラルに欠けた言動も目立つようになり、母親は体力的にも疲れが見え、このままでは二人共倒れになってしまいかねません。そこで、結果的にお二人とも施設に入居する決断をされたのです。

しかし、問題は介護施設の費用です。

一人であれば、これまでの貯金と年金で費用は捻出することができました。ただ、二人同時に施設に入った場合、貯金と年金だけでは費用は賄えません。一人娘である高橋さん自身が何とかする必要があります。

ただ、そうはいっても高橋さんには大学に進学する予定の娘さんがいますし、住宅ローンも抱えています。毎月数十万円にもなる介護費用を捻出する余裕はありません。いまはまだ、両親の貯金と年金で介護施設の利用料もなんとか賄えていますが、入居期間が長引けば、家計はどんどん苦しくなります。そこで、考えた方法がご両親の暮らしていたマンションの売却です。

認知症で自宅が売れない⁉

高橋さんの実家売却の問題点は、自宅の名義が両親二人の共有名義になっていることでした。不動産が共有名義になっている場合、売却するには名義人全員の売却の意思が確認でき、さらに本人確認が必要となります。その時点で高橋さんのご両親の意思はまだはっきりしています。ただ、この先ご両親の貯金が底をつき、いざ売却をしようとした時に、認知症を発症して、判断能力と意思能力がないと判断された場合は、実家を売却することはできません。

家族信託以外の解決方法

事前に成年後見制度を利用するという手もありました。しかし、後見人になった場合、高橋さんがご両親の自宅の売却を家庭裁判所に申し立てをしたとしても、ご両親が自宅に戻る可能性や預貯金がまだあるという理由で、自宅の売却許可を得られるかどうか確証はありません。また、仮に売却ができる目途が立ったとしても、家庭裁判所に申請し、売却して資金を得るまでには、最低でも半年はかかってしまいます。

認知症による財産凍結に加えて、共有名義で不動産を所有していることが今回の問題をさらに複雑にしています。高橋さんは一人娘なので、兄弟間で財産の分け方を巡ってトラブルになる恐れはありません。また、相続人が一人のため、生前に高橋さんの意志によってご両親のために財産を処分したとしても、トラブルはありません。財産を処分するためには、認知症が発生する前に、任意後見制度を利用し、後見人になることが必要です。

ただすでにお伝えしたように、後見制度の場合、実家を売却する際には、後見人の意思だけではなく、家庭裁判所の許可をとらなくてはいけません。貯金に余裕があり、共有名義人で不動産を所有していることを考えると、簡単に家庭裁判所が売却の許可を出すとは考えられないケースでした。

家族信託を利用した解決方法

後見制度では財産管理の自由度が低いこと、いつ認知症を発症してもおかしくないことから、家族信託を活用して今回の事例を解決しました。

不動産の所有者がお一人であれば、ひとつの信託契約で済みますが、父親と母親がそれぞれ不動産の持ち分を所有しているため、父親と母親は、それぞれ高橋さんと1本ずつの

図5-1　信託契約から売却までの流れ

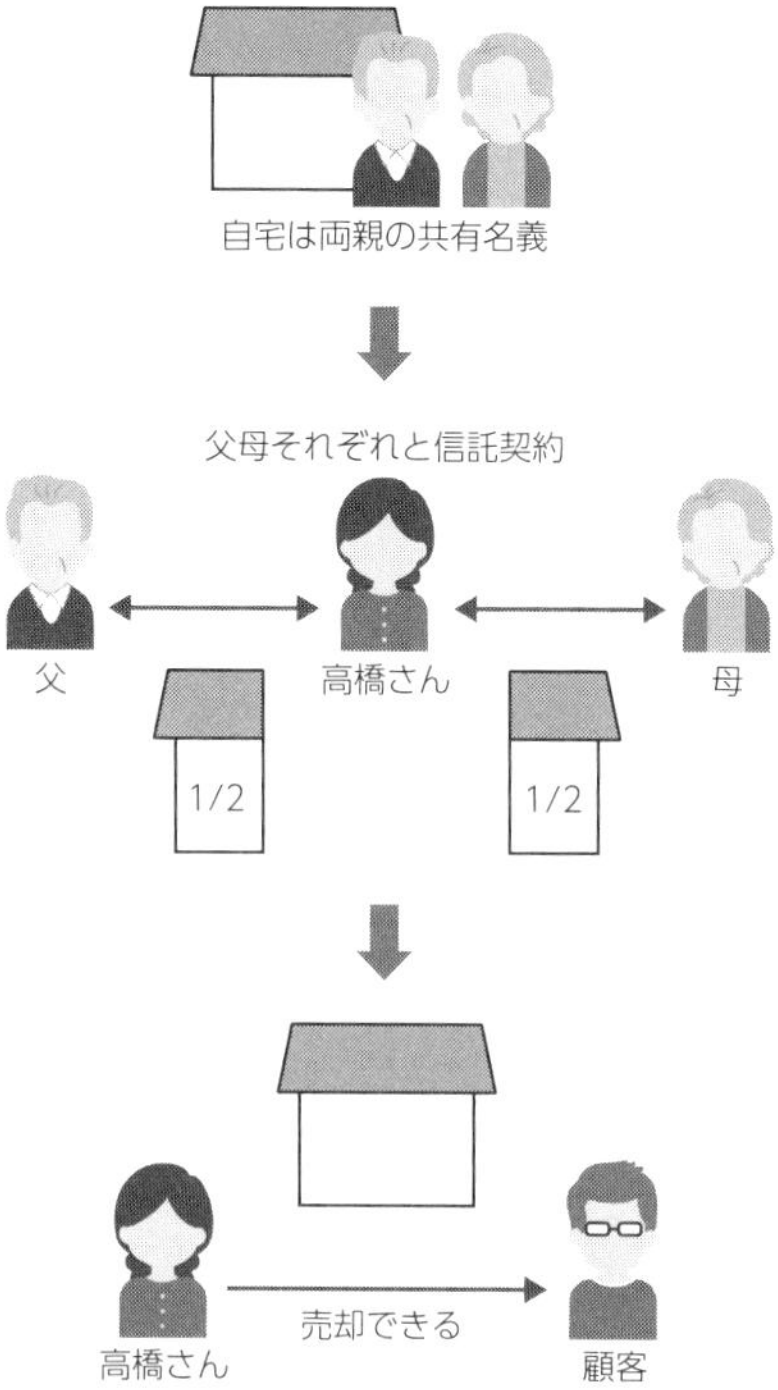

信託契約を結ぶことになります。どちらか一方だけでは、いずれかが認知症を発症して判断能力がなくなると売却することはできなくなります。

信託契約を終えて売却手続きスタート

ご両親との信託契約を無事締結し、高橋さんも一安心されました。しかし、これで終わりではありません。介護施設に入っているお二人には毎月施設の利用料、医療費、レクリエーション費用など様々な雑費がかかってきます。

幸いお二人ともお元気で、これからも長生きして欲しいと高橋さんは考えています。しかし今後、要介護のレベルが上がり、施設を移る必要が出た場合は、さらに費用をかさむことが想定されます。

そこで、信託契約締結後、介護資金を確保するために、すぐに実家の売却手続きを取りました。売却の手続きは受託者である高橋さんが主導して進めていきます。

信託財産であるマンションの登記上には、しっかりと高橋さんの名前が記載されているので買主としても安心して取引することができます。駅から5分の好立地のマンションは、適正価格で売りに出したこともあり、わずか2ヶ月で買主を見つけられ、売却資金を手にすることができました。

親の介護費用の心配から解放された高橋さん。これで、ひとまず自分自身の娘の大学受験に向けてサポートできると顔をほころばせていました。

今回実際に信託契約を利用された高橋さんのインタビュー記事を巻末に載せております。事例の解説とあわせてぜひお読みください。

2 浪費家の次男には財産を渡せない

（相談者：山本さん　58歳　埼玉県在住）

ご両親が亡くなった後に、兄弟間で相続財産を巡って、トラブルになることを心配される方も多いのではないでしょうか。また、ご両親にしても、どうやって財産を分けた方が良いのか悩んでいるうちに、遺言も書かずに亡くなってしまう方が多いのが現状です。

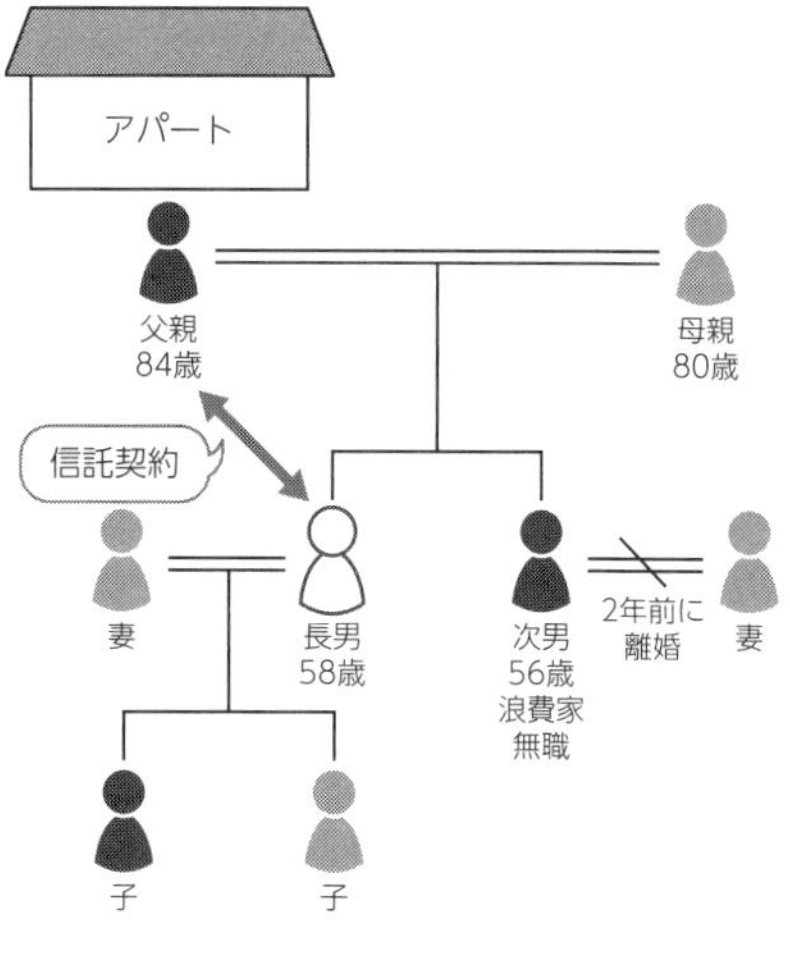

相続は元々仲が良い兄弟姉妹でさえ、財産分与を巡ってトラブルが起こります。それが、もともと仲がうまくいっていない兄弟や家族関係に問題がある家庭であればなおさらです。たとえば、ご両親と仲がうまくいっていない兄弟がいる、家に寄りつかないくせにお金の無心をする浪費家、さらに人間関係のトラブルでもう何年も引きこもっているなど、様々

なケースが考えられます。

いまの民法では、遺言を活用することで財産を渡す人、そして財産の割合を指定できます。しかし、渡された財産の使い方やその財産をさらに誰に引き継がせてほしいかまでは、故人の遺志を反映することはできません。

実はこうしたお悩みも家族信託を通じて、解決していくことが可能です。それでは実際のケースを見ていきましょう。

働く意欲を失い、お金の無心ばかりする次男。どうやって財産を分けるべきか？

相談者の山本さん（仮名）は、自身が建てた戸建てにご両親と一緒に暮らしています。将来、ご両親の介護が自宅でもできるように、2階のリビングと1階の寝室をつなぐエレベーターも設置しました。父親も、余生を長男の山本さんに面倒をみてもらうつもりで、自身が所有しているアパートを含めて事実上すべての財産の管理を任せています。

その山本さんには、弟がいるのですが、二人の仲はうまくいっていません。自営業で生計を立てているそうなのですが、数年前から仕事がうまくいかず、やたらとお金を無心するようになったというのです。父親が所有するアパートの一室に住んでおり、家賃も少し相場より安くしているにもかかわらず、父親にはずっと家賃は払っていません。

その上、自身の会社を倒産させて稼ぐ術をなくしてしまい、それ以来自暴自棄になって仕事も探さず、もう何年も引きこもりのような生活を続けているのです。その結果、長年連れ添ってきた妻とも離婚してしまいました。

山本さんのご両親にとっては同じ子供であり可愛い次男ではありますが、このまま自分が亡くなってしまうとアパートが共有名義になり、長男である山本さんともめてしまうことを大変心配されておりました。

たとえ、遺言で長男である山本さんに不動産を渡すと書いたとしても、遺留分があるので、共有名義になる可能性は捨てきれませんでした。

山本さんは、あと2年で定年退職を迎える年になりますが、年収が減るとはいえ再雇用の道は決まっています。末の娘も、後一年で大学を卒業し、ようやく学費を払い終える目処が立ったところに、突如襲ってきた相続の問題。

生活苦の次男と父親の不動産を共有した場合、目先の資金欲しさに共有持分を売却、または長男に高値の買取を強硬に主張する可能性があります。共有名義で相続した場合に、トラブルになることはすでに明らかでした。

家族信託以外の解決方法

財産の承継先を決めるには、遺言が有効です。しかし、問題は遺留分です。遺留分とは、法定相続人に認められた最低限もらえる財産の割合のことです。

たとえば、相続人が子２人のケースで考えてみましょう。この場合、通常であれば半分ずつ財産を平等に分けることになります。このとき、遺言ですべての財産を長男に残すとしても、弟は最低限の財産として、遺言がなければもらえたであろう財産の半分、つまり全財産の４分の１の財産を請求する権利があります。

山本さんのケースもまさにこの事例にぴったりとあてはまります。たとえ、父親が遺言でアパートを山本さんに残すとしても、遺留分があるので、アパートを完全に山本さんのものにすることはできないのです。

この点、生前にアパートの土地・建物を贈与することも可能です。しかし、都内の土地は評価額が高く、贈与税の負担が大きくかかってしまうことがネックでした。

図5-2

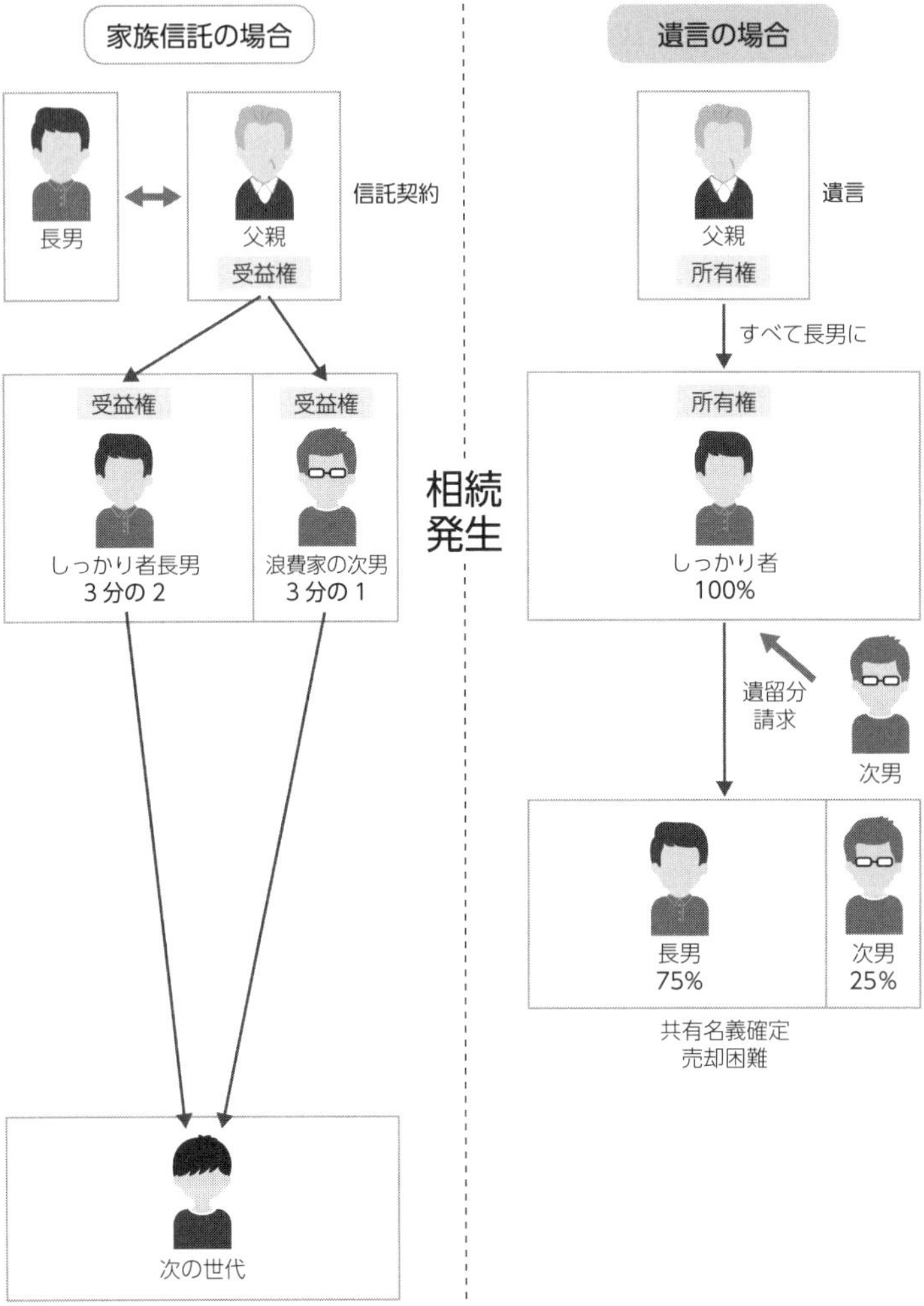
家族信託の場合
遺言の場合
長男
父親
受益権
信託契約
遺言
父親
所有権
すべて長男に
受益権
受益権
しっかり者長男
3分の2
浪費家の次男
3分の1
相続
発生
所有権
しっかり者
100%
遺留分
請求
次男
長男
75%
次男
25%
共有名義確定
売却困難
次の世代

家族信託の解決方法

山本さんと父親が信託契約を交わして、まず生前の財産管理は、信頼している山本さんに託すことができます。父親が亡くなった後も、信託を継続して、財産の承継先を長男3分の2、次男を3分の1と設計しました。次男の持ち分を売却することもできない設計にしてあるので、長男としても安心です。もし、遺留分を請求されたとしても、遺留分相当の財産として、信託財産の受益権3分の1を渡しているので問題ありません。

親が生きているうちに「生前の相続」をしないと解決しない！

今回は、財産を持っているお父様が健在だからこそできた解決方法です。認知症になり、相続が発生したら、親の想いに反して、民法に基づいた機械的な財産分けが行われてしまいます。その結果、財産は共有名義にされ、兄弟間で揉める火種を作ってしまいます。

家族信託が相続対策のイノベーションとして、活躍できるのは財産の渡す順番を決められる点にあります。次男が万が一再婚すると次男の死亡後は配偶者に財産がいってしまいます。そこで、次男が亡くなったら次男が持つ権利は、長男の家族に移るように設計しています。

現金も全部次男に渡すと浪費してしまうので、弟の将来の老後が兄としても心配です。そのため山本さんから定期的に振り込むような設計にしています。今までの相続対策では、相続したあとは、兄弟でもどうすることもできなかったことが信託であれば父の意向通りに浪費家の次男を長男が面倒を見ていくことが可能となります。

相続対策は、お金や税金のことだけがメインではありません。親が生前または、亡くなってからも家族がいかにして幸福でいられるかを考えて、設計することが重要だと気付かされた事例のひとつです。

3 財産管理は、家族信託と任意後見契約の最強の組み合わせ

（相談者：関根さん　47歳　神戸市在住）

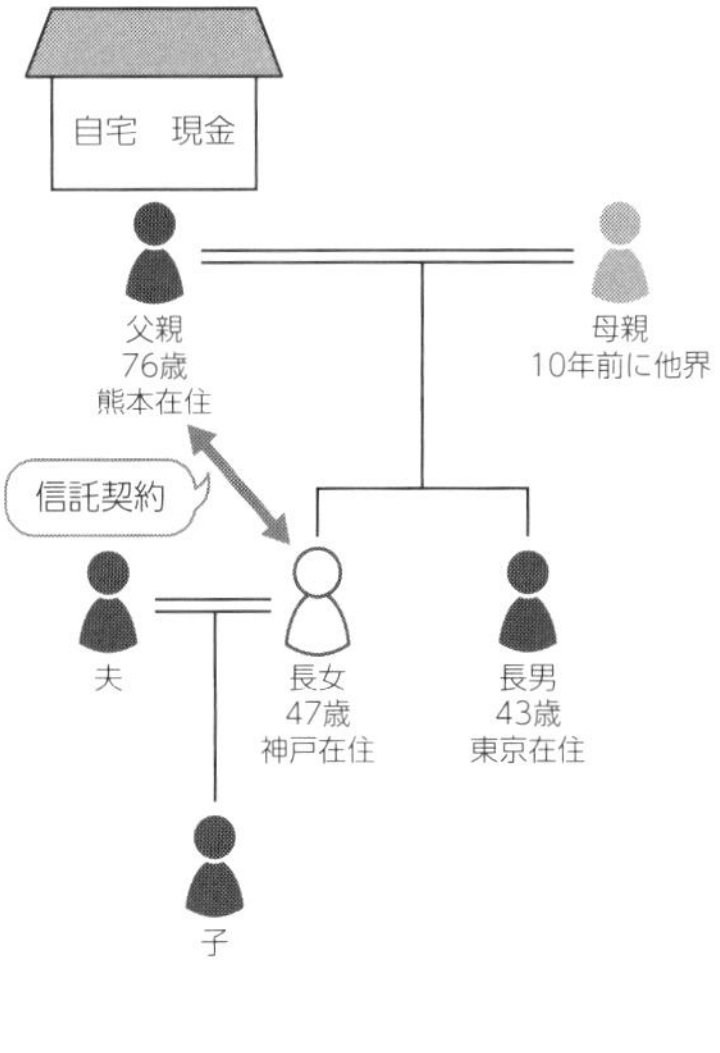

突然脳梗塞で車椅子生活!?

相談者である関根さん（仮名）の父親は今年で76歳。まさか自分が車椅子の生活をするとは、夢にも思わなかったといいます。現役時代から山が大好きで、定年退職後は、数人の登山仲間と海外やら国内の山を登ることが何よりの生きがいだったと関根さんは言います。介護施設の部屋でたくさんの山の写真が飾られ、いかにも今登ってきたかのように、写真の思い出を楽しそうに説明してくれました。

2年前、自宅でくつろいでいる時に脳梗塞で倒れました。幸いにも、隣人が気付いてく

れたおかげで、救急車を呼ぶことができましたが、もし誰にも気づかれなかったら命も危なかったと言います。

関根さんの父親は現在、熊本の有料老人ホームに入所しており、関根さん自身は神戸、長男は東京で暮らしています。施設に入ったとはいえ、月に一度は熊本の介護施設に足を運ぶようにしています。

生活が落ち着いたところで、関根さんは空き家になった戸建てが気になるようになりました。介護施設に入所して以来、整理もせずに父親が暮らしてきたまま放置しています。さらに、父親の日常生活の面倒をみるうちに、父親に長年コツコツ貯めてきた貯金があることが分かりました。施設は、市内から少し離れたところにあり、銀行でまとまった現金を引き下ろすにも、施設からタクシーで駅まで行って電車に乗り、熊本市内に入ってからもタクシーで銀行まで移動して、およそ1時間ほどです。灼熱の真夏の季節は車椅子を押しながらだと重労働だと言います。福祉関係の仕事をしている関根さんは、仕事柄沢山の認知症になっている人と関わっている中で、父も十分認知症になりうると考えるようになったのです。

関根さんの悩みは、父親が認知症になり、全ての財産が凍結してしまったときの介護費用をどう捻出するかということです。幸い、父親には余裕のある資金を持っていることがわかりましたが、認知症になってしまうと勝手に引き出すことはできません。認知症になった時に備えて、預金の引き出しなどの手続きが関根さんの判断でもできるようにしておきたいと考えました。

さらに、いざという時の自宅の売却など財産管理についても、いまのうちから手を打ちたいと考えています。認知症になったときの諸々の手続きと財産管理に悩みを抱えていたのです。

具体的な悩みと課題

関根さんは、娘が高校受験のタイミングということもあり、頻繁に父親の介護のために時間を使うことはできません。これから自宅の売却、金融機関の諸々の口座の解約や変更手続きなどなるべく時間と手間をかけないでやりたいという希望でした。すべての財産が認知症の発症によって凍結した場合、成年後見制度の申し立てをした場合、長男は東京、長女は神戸と遠方に住んでいることを理由に、かなりの確率で職業後見人の弁護士、司法書士がつくことが想定されました。昔ながらの気質の父は、見ず知らずの人には財産管理をしてほしくないという強い希望があります。

家族信託の解決方法

今回の事例は、家族信託と任意後見制度の特徴をうまく利用したケースです。

ここで後見制度について改めて整理します。後見制度は、「任意後見制度」と「法定後見制度」の2つに大別されます。両者の大きな違いは、「後見人の選任方法と選任時期」です。任意後見制度は、後見を依頼する方が、元気なうちに後見人になってほしい方と契約します。つまり、後見人の選任にあたっては、後見を依頼する方の意思が尊重されるわけです。そして、事前に後見内容を契約の中で盛り込んでおくことができます。任意後見を行うことで、後見人は被後見人の預貯金の管理や年金の受領、不動産などの財産の管理、処分などを行うことができるようになります。

一方、法定後見制度の場合、後見人の選任は家庭裁判所が4親等内のご家族が申し立てを受けて行います。そして、選任する時期は、後見を依頼する方の意思能力が喪失してから、つまり認知症になった後に選任されるのです。

関根さんの希望は遠方にいながら介護の諸々の手続きを行えるようにすることでした。任意後見制度を利用していなければ、いくら長女とはいえ、関根さんだけでは預金の引き出しはできません。そのため、現状では足の不自由な父親を連れて銀行で手続きをしています。

万が一、父親が認知症を発症した場合、キャッシュカードを父親から借りて、関根さんがお金を引き出せたとしても、本人の意向がきちんと確認できなかった場合、後に家族間で訴訟沙汰にもなりかねません。また、症状が悪化してきた時に介護施設を変更する際も、本人の意思確認が必要になります。そのため、いまのうちから認知症になったときに備えて、各種手続きを自身の手で行えるように後見制度を利用する必要がありました。

こうした場合、任意後見契約に加えて、各種手続きに関する委任契約を交わします。任意後見制度は、あくまでも親が認知症になったときに、各種手続きを円滑に行うように利用するものです。そのため、認知症になる前でも生活支援や財産管理に関する手続きを関根さんの判断でできるようにしておく必要があります。そこで、利用した契約が「委任契約」です。

委任契約を関根さんと父親の間で交わすことで、金融機関との取引や生活に必要な物品の購入などができるようになります。ただし、この委任契約は父親が認知症になって判断能力を喪失した時点で、契約は終了となります。委任契約の場合、各種取引・契約の主体はあくまでも本人である父親で、代理で手続きを関根さんが行っているに過ぎません。判断能力を喪失してしまい契約行為ができなくなると、いくら手続きを代理で行えたとしても契約行為の効力が発揮されることはないのです。

そのため、委任契約とあわせて任意後見制度を利用する必要があります。委任契約と任意後見制度を組み合わせておけば、判断能力を失った場合でも、各種手続きは滞ることなくすすめることが可能です。ただ、ここで問題になるのが任意後見制度を活用した財産管理は不自由があるということです。

成年後見制度の主旨は、あくまで、本人の財産を守ることにあります。そのため、任意後見制度を利用していた場合に、被後見人が認知症を発症し申し立てをすると、家庭裁判所が指名した「任意後見監督人」がつくことになります。

任意後見監督人は、後見人としての仕事が正しく行われているのか、文字通り監督する人です。監督人には、主に弁護士や司法書士がつくことが多く、家族でついた後見人を監督することになります。任意後見契約をはじめとする契約行為には、自由に契約内容を定めることができる契約自由の原則が保障されています。ただ、いざ後見監督人がついてからは、当初設定した目的に沿って、行為ができなくなることがあるのです。たとえば、介護費用捻出のために実家を売却する場合は、売れない可能性もあります。

つまり、介護に伴う諸々の手続きに関しては任意後見制度でカバーすることができるのですが、財産管理に関しては任意後見制度では限界があるということです。

そこで、登場するのが家族信託です。家族信託であれば、当初の信託契約の内容通りに財産を管理運用することができます。手続きは任意後見制度、そして財産管理は家族信託。それぞれの不足する部分を補って万全な介護体制を整えられた事例です。

任意後見契約でできること

【財産に関すること】

①預貯金の管理、金融機関との取引、保険の契約、保険金申請
②年金や手当等の受領
③財産管理・賃貸借
④遺産分割、相続放棄・承認
⑤証書類の保管

⑥住居に関する契約　等

【身上監護に関すること】
①日常生活に必要なサービスや商品の購入や契約
②介護サービス等の利用に関する契約や履行請求
③要介護認定の申請や異議申立て
④福祉関係施設や医療機関の入所契約、入院契約　費用の支払い　等

手続きの時間が5分の1

関根さんの希望は介護費用の負担を軽減することはもちろん、時間と手間をかけないで手続きを行うことでした。

これまでは関根さん自身のお金で、父の様子を見に、熊本に帰る旅費を捻出していました。これからは、父の療養看護を目的した現金の信託財産の中から出すこと可能になります。また、委託契約を結んでいるので、認知症になる前でも銀行での手続きも父親と車椅子状態で一緒に行くことなく、手続きが可能となります。あらゆる面で、精神的にストレ

関根さんの父親と著者（介護施設にて）

スもなく、手続きの時間に関して、効率良く行えるようになったことを関根さんはもちろん、関根さんの父親も喜んでくれました。

親子間でいくら信頼関係があっても、介護施設や金融機関、役所にとっては、手続き上関係ないことです。手続きを代理で行うためには後見制度が必要です。しかし委任契約と任意後見制度を利用し、法律的な裏付けをつけたことによって、手続きは簡便化され、財産管理も家族信託で守られ、今後の心配事はなくなったと言います。

4　メガバンクに狙われた地主　長男怒りの反撃

（相談者：木村さん　51歳　兵庫県在住）

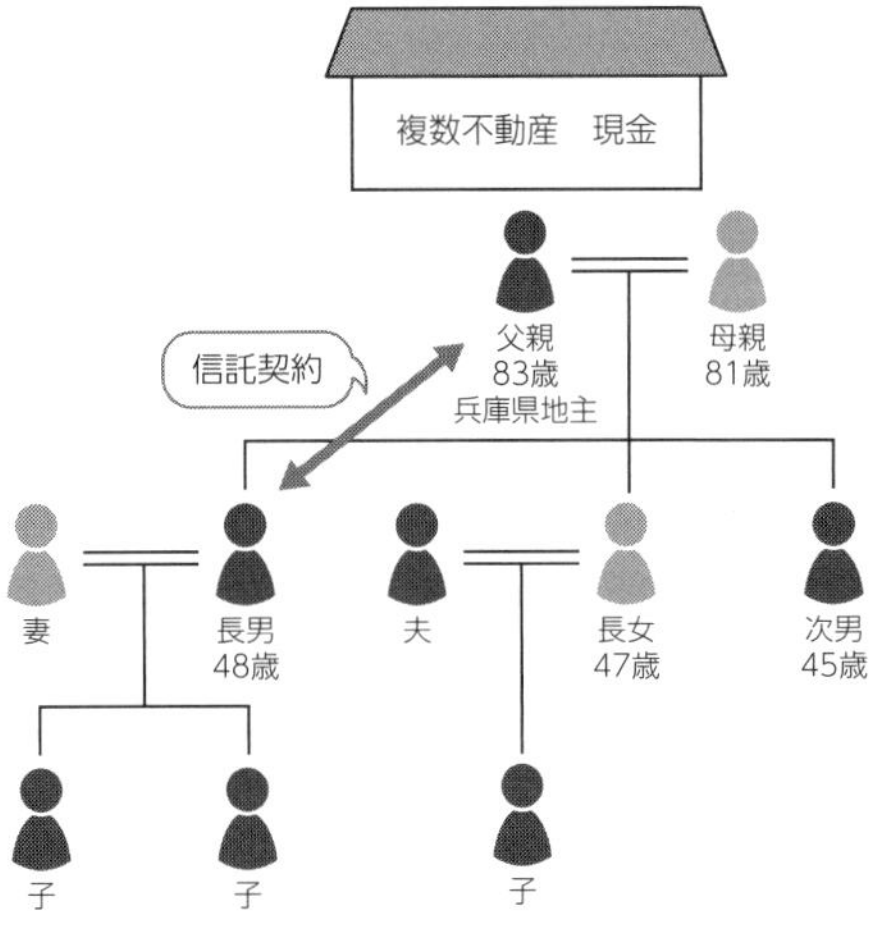

保険契約7本、元本割れ投資信託が続々　あきれたメガバンクの実態

83歳になる木村さん（仮名）の父親は代々の地主です。自身も先代からほとんどの不動産を引き継いだことから、長男である木村さんに相続させる意向をお持ちでした。長女と次男は、すでに家を出て自立して生活しており、木村さんがほぼすべての不動産を相続されるのにも納得されています。一見すると、家督相続がうまくいっているように見えたのですが、家族信託を検討することをきっかけになる、大きな落とし穴があったことに気づいたのです。

木村さんは定年まであと8年、定年退職したら実家に戻るつもりです。両親は70代になっても農作業もしていたこともあり、年の割に大変元気で認知症とは無縁と考えていました。

また、両親が農協と地元の金融機関とお付き合いをしていることは薄々知っていたようですが、仕事が忙しく両親の財産管理については、いずれ田舎に戻った時にすればいいと考えていたようです。しかし、実家に帰った時に、ふとした会話で今加入している保険の話しになったのです。参考まで保険証券を見させてもらうと、なんとひとつの保険会社から7本もの保険に加入していることがわかったのです。両親はどのような保険に入っているのか、理解していません。なんとなくお付き合いで加入しているというのです。

保険の一件から他の財産も調べてみないと、とんでもない契約をされていると心配になった木村さん。そこから、不動産の評価に精通している税理士に依頼して、まず全て財産の評価額を洗い出し、相続税のシミュレーションすることにしたのです。

ある程度は予想していましたが、相続税の試算額は約3800万になりました。予測していなかったのは、父親と母親が、某メガバンクから、さらに複数の生命保険と多数の元本割れしている投資信託に加入していることが判明したことです。

さらに、メガバンクからの紹介で遺言信託（遺言を執行するサービス）に入っていることは知っていたそうですが、専門の税理士に確認してもらうと、その内容は節税の観点がまったく考慮されていない内容だったのです。

両親の断らない性格をいいことに、とんでもない契約を次々とさせられていたのです。ここまでして収益を取っていかないと金融機関は生き残れないのかと、メガバンクに怒りを通り越して、同情すらしたと言います。

具体的な悩みと課題

①両親の財産を守りたい
②メガバンクと契約した遺言を作り直したい
③認知症になる前に、約2割も元本割れしている投資信託を解約していきたい
④不動産の比率が80%と多く納税資金対策を考えていきたい

家族信託以外の解決方法

任意後見契約で、ある程度は財産を管理することは可能です。しかし、長男は、父親と同居しているわけではないので、認知症になる前であれば、いくらでも金融機関からアポなしで面談を求められるとその気になって契約してしまう可能性があります。

図5-4

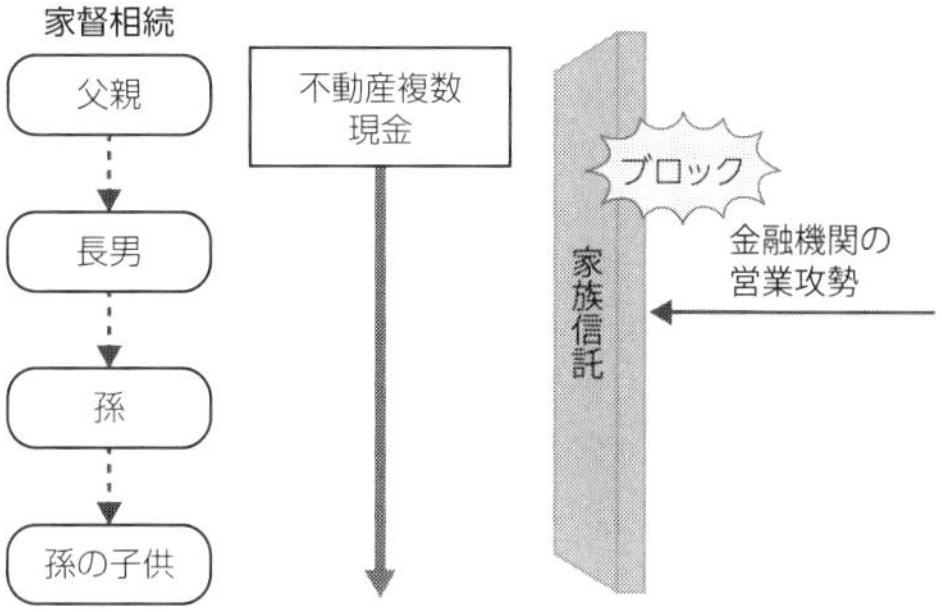

家族信託の解決方法

信託契約を交わす前に、父親には元本割れをした投資信託をいったんすべて解約して現金化してもらいました。そのうえで、木村さんと父親の間で信託契約を交わし、換金した現金と不動産の管理を木村さんが行う形にしました。現金は木村さんが管理する信託口口座に振り込み、個別に管理します。こうすることで、たとえ父親が金融商品の申し込みをしたとしても、現金は別の財布で管理されているので、木村さんに依頼しなければ契約を進めることはできません。金融機関からの売り込みにストップをかけるとともに、オレオレ詐欺からも財産を守ることができます。

さらに、納税資金を確保するために不動産の整理も行いました。父親から託された不動産のうち、資産価値が少なく、今後の収益も見込めないような不動産を選別して売却。こうした売却行為も、信託契約で不動産の管理をまかされているため、木村さんの判断で進めていくことができました。

家族信託をきっかけに絆が深まる

今回家族信託を進めていくにあたって感じたことは、確実に木村さんの家族の会話が増えたことです。

今まで先送りしていたことを何度も週末を利用して、実家に帰り、家族で話していったことで、次第に絆が深まっていったと木村さんは言います。長女と次男とも、仲が悪いわけではないが、遠方に住んでいる兄弟とは会話も数年に一度ぐらいだとお互い何を考えているか分からないと言う話はよく聞きます。長女と次男としても木村さんが家族信託をきっかけに、親の財産を守っていくことで安心したと言います。子の立場で、80代の父親に財産のことを話すのは相当ハードルが高いものだと思います。

どこの家庭でも、自分の親の相続対策を前向きにしようとはなかなか考えないと思います。実際に、実家に戻った時に、保険の話しがなければ、そのままにしていたと思うと木村さんは言います。決して自分が得しようというつもりではなく、長男として代々の財産をしっかりと次の世代に承継していくには、なるべく財産を減らさずにしていくという気持ちはごく当たり前の考えだと思います。親の財産ではありますが、親まかせにせず、お互い安心できる形で、財産を守っていく方法として、この家族信託という選択がバッチリはまった事例です。

5 「2022年生産緑地問題」はこうして解決する都市型地主の新しい相続のカタチ

（相談者：森さん　54歳　立川市在住）

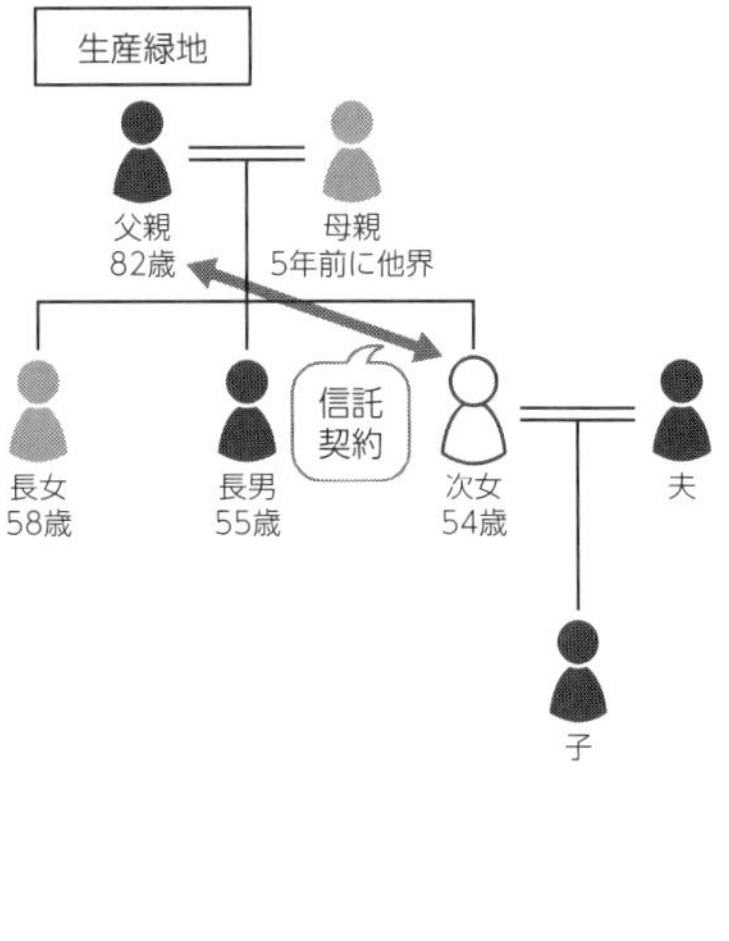

82歳になる父親が介護施設に入ってもう1年。

まさか、自分の家の階段を踏み外して骨折するとは思わなかったといいます。いつものように一人でお酒を楽しみ、酔った足で2階に上がったのがいけませんでした。もし自分が代わりに取りに行ってあげていたらと、森さん（仮名）はその時のことをいまも後悔しています。

この骨折を機に、そのまま介護施設に入ることになったのです。

もともと普段から外に出ることもなく、足腰が弱っていたことから、再度骨折しないためにも入所は必要な判断でした。

幸い、年金は月額20万円程度あり、貯金もあったので希望する施設に入ることができたのですが、問題は別のところにありました。急速に物忘れが進行していったのです。

相談者の森さんは近くに住んでおり、時折、顔を出しているのですが、会う度に、父親の判断能力が落ちていると実感します。やたら昔の話を繰り返すようになり、長男はいつ実家に帰ってくるのかとしつこく聞いてきます。また、森さんの家系は代々の農家ですが、もう10年以上家族のだれも農業には従事しておりません。

父親の財産を気にしてもこなかった森さんですが、いざ相続になったら、農地にいくら相続税がかかるのか、相続税を支払うだけの現金を持っているのか、心配になったといいます。森さんの父親が所有する土地は１５００平米もある広大な生産緑地です。森さんが相続税を心配するのも無理はありません。

生産緑地とは、都市部に残る緑地を守る目的で１９７４年に制定された生産緑地法に基づいて、市町村から指定を受けた農地のことを指します。指定されると農業目的以外で使用ができなくなりますが、税の優遇措置を受けることができます。父も施設に入って農業に従事もしていませんし、今後相続されたとしてもサラリーマンをしている兄弟は、とても実家に戻って農業ができる状況でもありません。広大な生産緑地を前に、途方に暮れる状況でした。

■具体的な悩みと課題

①1500平米になる生産緑地の相続税がいくらかかるかわからない

これはよくあるケースですが、不動産が複数あると相続時の財産の評価がいくらになるのか。また相続にあたって税の優遇制度は利用できるのか。さらに、今売却しようと思った場合は、いくらで売却できるかということを把握している方はごくわずかです。相続財産の適切な評価は相続対策の第一歩です。

②父親が施設に入り、一気に認知症が進む可能性がある

骨折をきっかけに寝たきりになり、単調な生活を続けることで、認知症になるのはよくある事例です。幸いまだ認知症は、発症していませんが、いつ発症して短期間で重症化してもおかしくない状況でした。

③生産緑地2022年問題　土地価格が暴落する可能性がある

2022年以降、都市部にある畑や果樹園などの農地が、急速に消えていくかもしれま

せん。

いま、不動産業界では「生産緑地の２０２２年問題」がにわかに取沙汰されています。「生産緑地」は全国に1万３５００ヘクタール、23区内だけでも東京ドーム約１００個分にもなる約４５０ヘクタールの生産緑地が存在しています。

１９９２年の法改正で、生産緑地の指定から30年を経過した場合、市町村に対して、指定を受けた土地の買い取りを申し出ることができるようになりました。法改正から30年後の節目の年が、２０２２年なのです。１９９２年頃に指定を受けた生産緑地は、全面積の約8割を占めています。２０２２年には、買い取りの申し出が殺到する可能性があると言われています。

では、何が問題となっているのでしょうか。これまでも所有者が死亡したり、農業に従事できなくなった場合は、自治体に買い取りを申し出ることができました。ところが過去の事例では、ほとんどの自治体では申し出があっても、生産緑地の買い取りを行っていません。自治体も財政難のため、買い取ることができないのです。

買取不可とされた土地は、自治体が他の農家に買い取りをあっせんしますが、引き取り手は簡単には現れません。そうなると、生産緑地の指定は解除され、宅地になる可能性が極めて高くなります。2022年以降はこういった事例が、飛躍的に増えると予想されているのです。つまり、宅地の供給が多くなる一方、土地を利用したい人が増えなければ、需要と供給のバランスが一気に崩れ不動産の価格が、大暴落するとシナリオが考えられます。

その頃に、お父様が亡くなると、相続された不動産の相続税の評価は変わらないが、市場で売る価格は大幅に下がることによって納税資金を確保できなくなる恐れがあります。

④納税資金をどこから捻出すればいいかわからない

今回の森さんのケースでは、財産に占める不動産の割合が94%と、ほとんどが不動産です。相続が発生したら、不動産を売却する、兄弟で出し合って支払う、金融機関から土地を担保に借り入れするなど、どの選択肢がいいのかを慎重に判断する必要があります。

家族信託の解決方法

相続税を支払うためには、生産緑地を売却する必要がありました。

ただ、父親が認知症の一歩手前の状態にあるため、手続きが遅れると売却行為自体ができなくなる恐れがあります。そこで活用した方法が家族信託です。家族信託を活用すれば、父親が認知症になったとしても、財産を管理する人の権限で生産緑地の売却手続きを進めることが可能です。

まず、父親と次女で信託契約を交わします。この時の信託財産は、生産緑地と自宅と現金です。ここでご注意頂きたいのは、この時点では、生産緑地は信託登記できないということです。なぜなら、生産緑地は「農地」であり、農業委員会の許可を得ないと登記できないからです。そのため、生産緑地の指定を解除をしてから、普通の農地にして、農地を雑種地として転用してから売却が可能となります。

生産緑地の指定解除には次の要件のいずれかを満たす必要があります。

①生産緑地に指定されてから30年が経過した場合
②病気などの理由で、農業が従事できない場合、
③本人が死亡し、相続人が農業に従事しないケース

今回は、父親が施設に入っており、もはや農業に従事できないという理由から解除の申し出をしました。解除の申し出をしてから実際に解除されるまで約2ヶ月かかりました。

そこから農地から雑種地への地目を変更完了させ、はじめて信託財産として正式に登記することが可能となります。

入札方式で、価格が4000万アップ！

信託登記をしてから、不動産の売却を進めていきました。売却にあたっては、入札方式を採用しました。

一般的な不動産の売却手続きでは、仲介会社を通して、買い手を見つけます。一方、入札方式では、あらかじめ売却する不動産の情報を伝えて、購入意欲のある会社を見つけて、最も高い価格をつけた会社に売却するのです。

需要が見込める立地の良い場所であれば、戸建住宅を建てたり、マンションを分譲することができるため、購入希望者も増えて、競争が激しくなります。入札方式のメリットは、どこの業者もどのくらいの価格で入札してくるから分からないので、確実に土地を仕入れるために、通常より少し高めの価格で売却できることです。今回は30社の不動産会社に声をかけて、12社が検討し、結果的には、3つの会社から札が入りました。

価格は、想定した売却価額1億8千万円を4千万円も上回る2億2千万円で決まりまし

図5-5

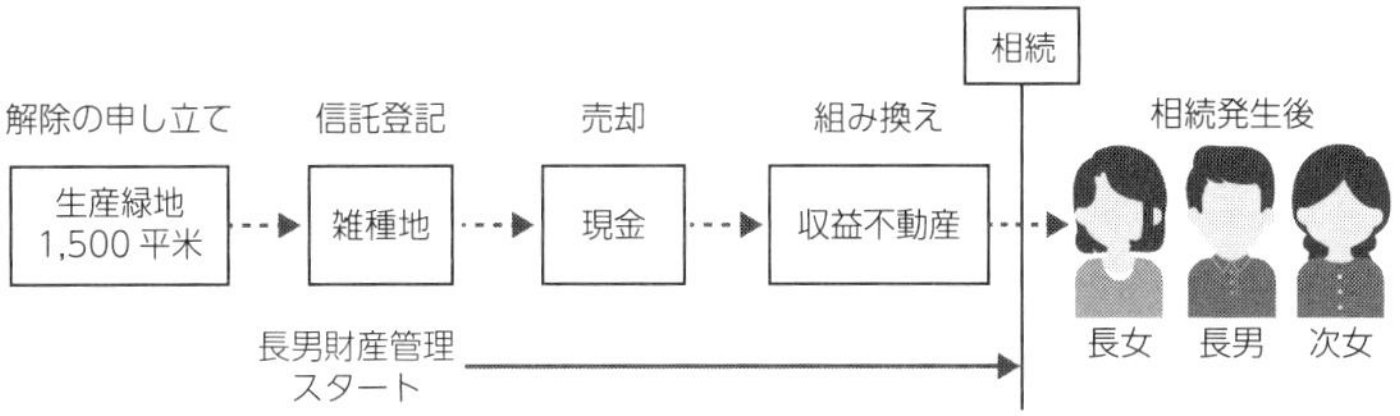

た。懸案だった生産緑地にめどが立ったため、今度はこの現金に多額の相続税がかからないよう、森さんと次の一手を考えています。

地主にとっては、代々承継してきた土地を残したい気持ちはあると思います。しかし、時代が変わり、大きな土地を相続されることによって子供世代が、不動産の管理の点、納税資金確保の観点から、負担になることも事実です。生前に家族信託を通して、不動産を売却、そしてその売却資金を使って子供が喜ぶ優良資産に組み替えることも自然と考える時代に来ていると感じます。森さんのケースは、今後地主さんにとって増えていくケースだと思います。

6 長女の旦那には財産を渡したくない!

（相談者：柴崎さん　75歳　藤沢市在住）

地主さんから長男に土地や自宅を相続させたいとご相談いただくことがあります。ただ、長男に子供がいない場合は、現在の法律では、長男が亡くなってから奥様に大半の財産が相続されます。長男の妻が土地と自宅を相続した後、遺言を書かなければ、妻の兄弟に財産が渡ってしまいます。先祖代々受け継いできた土地が、他の家に渡ってしまうのです。これまでの相続対策では、財産を渡したい人を指定することはできましたが、指定した人に対して、その次に特定の人に財産を渡すことまで指定することはできませんでした。この点、家族信託を活用すれば、財産の分け方だけでなく、渡す順番まで指定することができます。

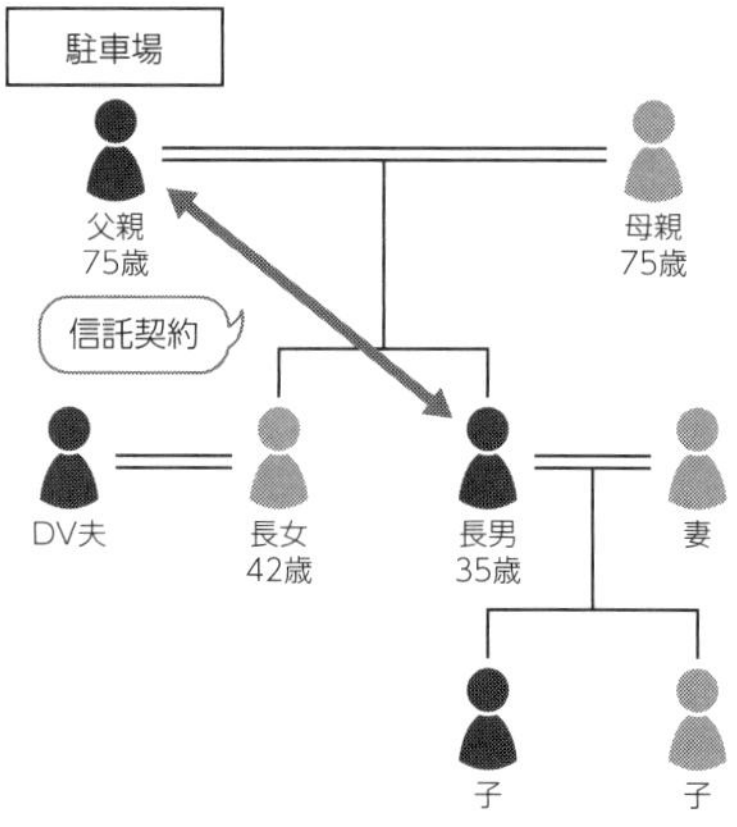

長女の旦那には財産を渡したくない

75歳の柴崎さん（仮名）は、いわゆる地主でも資産家でもありません。高校を卒業して以来、上場企業に就職し、以来定年まで40年以上に渡ってがむしゃらに働いてきました。60歳を機に退職して、現在では夫婦二人で年金と退職金で老後を豊かに楽しんでいらっしゃいます。

5年前には長女が結婚して、二人の子どもたちを新しい家庭へと送り出せたと、一安心していました。しかし、結婚生活もしばらくすると二人の仲にも不協和音が聞かれるようになります。結婚生活が破たんするわけではないのですが、なにかと理由をつけては長女が実家に戻るようになったのです。どうやら娘婿はアルコールが入ると人が変わるようで、そのせいでＤＶとまではいかないまでも壁に穴をあけたり、物を壊したりするそうです。

この様子をみて、柴崎さんも次第に不安を覚えるようになりました。溺愛している娘が苦労することは耐えられない。財産も可愛い娘のためなら残してやりたいが、子どもがいない長女の場合、その財産のほとんど将来は娘婿のものになります。

柴崎さんには、父親が亡くなった時に相続した１００坪の土地がありました。今は、駐車場として貸しています。固定資産税を払っても年間１００万円の収益が手元に残っていました。娘婿の収入はそれほど多くないため、離れて暮らす娘の生活資金の一部として使ってほしいと父は願っています。しかし、娘婿に将来財産が移ってしまうのも避けたいと考えていました。

子どものいない夫婦の場合、いずれかが亡くなった場合、両親が居ないケースでは、その財産の4分の3は配偶者が相続し、残りの4分の1を他の兄弟で相続することになります。柴崎さんのケースでは、100坪の駐車場のほとんどすべてが娘婿のものになります。どのようにして、柴崎さんの希望を叶えることができるのでしょうか。

■具体的な悩みと課題

長女夫婦に子供がいないため、長女が先に亡くなってしまうと、生活態度に問題のある娘婿に財産が移ってしまう。

■家族信託以外の解決方法

遺言で駐車場を長女に渡すと指定することはできます。しかし、遺言の役割は、一代限りです。長女に相続させた駐車場を、長女が亡くなった後は長男に相続させる旨を遺言で定めることはできません。もちろん、長女があらかじめ遺言を書いて、長男に渡すと指定してくれれば、娘婿に財産が渡ることを回避できます。ただ、これはあくまで柴崎さんの希望で、長女が柴崎さんの希望通りにするとは限りません。

家族信託の解決方法

今回の家族信託契約では、父親と長男の間で信託契約を交わしました。長男には、父親としての想いをしっかりと伝えました。最初は、父親の思いを理解できず、なぜ土地をすべて長女に渡すのかと反対していましたが、家族信託を利用すれば、長女の旦那と共有名義にならないこと。また、長女が亡くなった場合は、長男の子供に財産がブーメランのように戻って来ることを説明しました。それならば、将来自分の息子もこの代々の土地を承継できると分かり、長男が家族信託に反対する理由はなくなりました。

財産の管理者は、長男に設定し、万が一長男が受託者として管理ができなくなった時に備え、次の管理者は長女に設計しております。この家族信託の設計を、長女の旦那に説明する必要があるのか？　このケースでは、長女のご主人は、父親からしたら相続人でもありませんので、説明する義務はありません。そのため、家族信託契約の内容をめぐってトラブルになることもないのです。

7 家族信託と収益不動産を組み合わせた節税策

（相談者：中澤さん　42歳　千葉県在住）

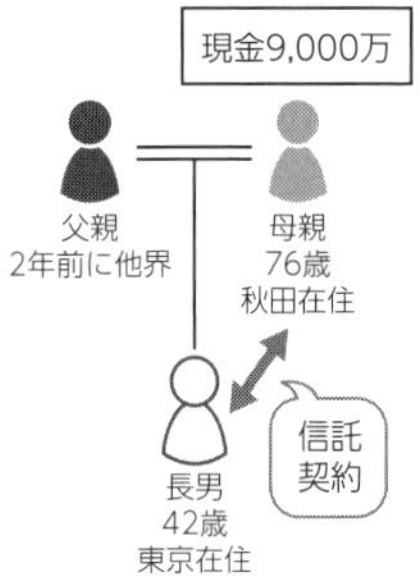

2次相続でまさかの相続税3000万円！

相続税制が改正され、控除額が4割削減されて以来、相続税を支払う人が増えています。相続税が大衆税となるなかで、注目されるのが相続税の節税です。相続税の節税対策は様々な方法がありますが、ここでは家族信託と収益不動産を組み合わせて行った節税対策についてご紹介します。

中澤さん（仮名）の父親がガンで急逝してから2年が経ちます。その時は2次相続のことを考える余裕もなく、遺産分割協議ですべての財産を母親が相続しました。1億6千万円までは、相続税が一切かからない配偶者の税優遇制度を利用したのです。

相続財産は、自宅のほかには父親が自営業でコツコツ貯めてきた貯金と株式がほとんどです。母親は、もともと質素な生活する人で年金だけで日々生活をしています。亡くなった父親と40年間住んでいた戸建てにいまも一人で住んでいます。庭いじりと小さな畑で夏野菜を育てるのが何よりの楽しみです。母親の家系は長寿が多く、あと20年は長生きすると母親自身も考えているそうです。

長生きすることは嬉しいことですが、今後体調が急変して施設に入ることも十分考えられます。

中澤さんが気にしているのは、相続してからというもの一切手つかずになっている貯金と株式にかかる相続税です。

母親は質素な生活を続けているので、相続した財産を使う必要もありません。相続税で財産が取られるぐらいなら、老後を充実したものにしてもらうために、海外旅行や国内の高級旅館に宿泊する旅行をすすめたこともあります。しかし、これまでの節約した暮らしが馴染んでいるのか、興味を示しません。

このままなにもしなかったら、父親の財産を相続したときに計算した通り、約3000万円もの相続税を納税する必要があります。もちろん、相続された財産から払うことは可能ですが、できれば母親には、相続税対策をして欲しいと考えていました。

■具体的な悩みと課題

①このままだと約3000万円もの相続税を負担することになる。
②元気な母親が長生きすることを想定した収入対策ができていない。

家族信託以外の解決方法

まとまった現金がある場合の相続対策のひとつとして生前贈与が考えられます。贈与は毎年110万円の控除額があり、控除額の範囲内であれば税金がかからず、財産を移転することができます。生前に財産を減らすことができるので、結果として相続税の節税になるのです。

ただし、控除内で財産を移転しようとすると、多額の財産を移転するために長い年月が必要になります。贈与の際中に、認知症になってしまえば、今後一切贈与をすることはできません。贈与を使って相続対策を行うには、かなり早い段階から取り掛かる必要があります。

家族信託の解決方法

贈与のほかにも、代表的な相続税の節税対策として、収益不動産の活用があります。現金をそのまま相続財産として遺した場合、額面金額100％に対して相続税が課税されることになります。その点、収益不動産の場合は、相続税の計算の元になる相続税評価額は購入金額のおよそ3分の1から4分の1に圧縮することができるのです。そのため、現金をそのまま持っているよりも、収益不動産に置き換えたほうが、相続税を節税することにつながるのです。

しかし、どのような収益不動産でも良い訳ではありません。購入した収益不動産は生前においては家賃収入が老後の収入対策として機能するためにも、安定した賃貸需要が見込める不動産であることが欠かせません。

今回の相続対策では、中澤さんの母親がご高齢ということもあり、贈与を活用した節税対策は期間が短すぎるため、収益不動産を活用した対策を採用しました。

ただ、中澤さんの母親が収益不動産の目利きはできませんし、契約までの購入手続きも多岐にわたるので、体力的にもご自身で購入するのは難しい状況でした。そこで、中澤さんが利用した手法が家族信託を活用した収益不動産の購入です。

図5-6　信託財産の運用

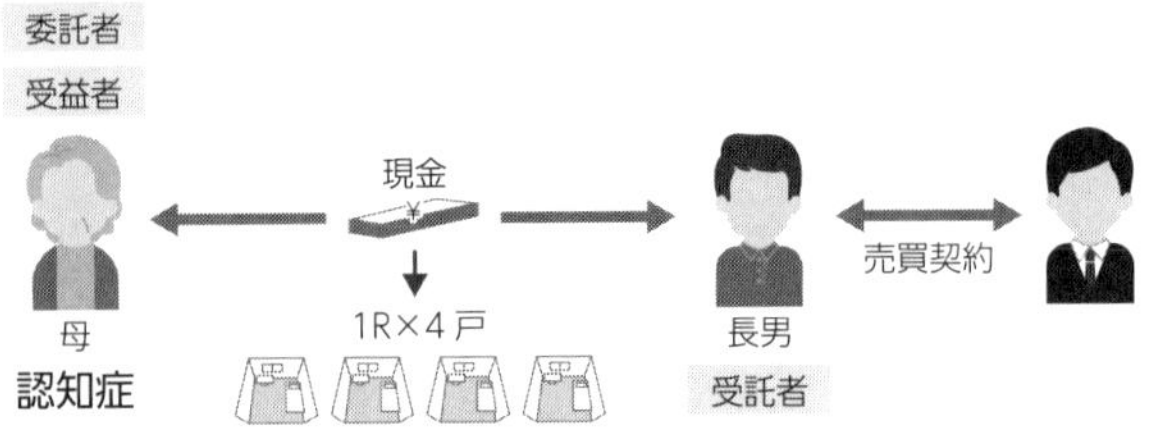

　今回のケースでは、母親の現金を信託財産にして、長男である中澤さんが現金の管理・運用を行います。具体的には、信託財産の現金を使って都内の中古ワンルームマンションを購入するという手法をとりました。そのために、父親から相続していた上場株なども一旦現金化して、その現金を中澤さんが管理する信託口口座に振りこまなくてはいけません。

　母親としても、これから自分の面倒を見てもらうことになる息子が、自分の資産を上手に効率的に運用してくれることを理解して、すべて任せることにしました。80歳になる母親の友人が最近オレオレ詐欺に会ったばかりだったことも、財産管理を一任する後押しになりました。

　さらに、いまはまだ年金の範囲内で生活していますが、今後病気を患い生活費の負担が大きくなってきたときに、目減りしていく貯金を気にするよりも、毎月収入がある生活のほうが精神的にも楽になると考えたのです。

収益物件選びは、「東京・中古・ワンルーム」が重要ポイント

相続税の圧縮だけを考えれば、収益不動産は種類や立地は特別問われません。しかし、不動産賃貸業の目的は、長期にわたって長期的に家賃収入を得ることにあります。安定的に収益を得るという目的の副次的な効果として、相続税の節税効果が見込めるのです。

よく相続税対策としてアパート経営が注目されることがありますが、多くの場合、賃貸需要はそれほど重視されずに、相続税の圧縮効果のみクローズアップされがちです。空室リスクはハウスメーカーの借り上げ契約で担保されるといいますが、同じ保証家賃でいつまでも続くわけではないのです。築年数が経過すれば、保証家賃の引き下げも行われます。保証家賃の減額に応じなければ、借り上げ契約を打ち切るという強硬策を取ることもあるのです。そもそも、借り上げ契約を抜きにしても賃貸需要が安定している立地の収益不動産を選んでいたのであれば、このような事態には陥らないのです。相続税の圧縮効果が見込めるといっても、長期にわたって安定した賃貸需要の見込める立地であることが必要です。

中澤さんが信託財産で購入したマンションは、いずれも人気の高い渋谷区、目黒区、港

区、新宿区の中古ワンルームです。さらに、駅からいずれも徒歩10分以内で利便性は抜群です。都内23区内に駅徒歩10分以内のワンルームマンションであれば、将来にわたって安定した賃貸需要を期待することが可能です。

さらに、東京23区のすべての自治体ではワンルーム開発規制条例が設けられており、新規の供給が困難になっています。部屋の最低面積が28平米以上であったり、一定の数のファミリータイプの部屋を作ることを義務付けたり、ワンルーム1戸につき数十万円の税金が課税されるケースもあります。その一方で、東京都には毎年多く若者が他の道府県から流入しており、2016年には約6万8000人の20歳から29歳の若者がなだれ込んでおり、これからもワンルームマンションには、高い賃貸需要を期待することができます。

東京の物件だからと言って、どのようなタイプのマンションでもよい訳ではありません。収益不動産のなかでも、ファミリータイプのマンションではなく、ワンルームタイプを選びましょう。

それは、ワンルームは空室リスクが少なく、ランニングコストも安くすむからです。2LDK、3LDKといったファミリータイプのマンションを投資対象と考える方もいますが、東京においては、空室期間、リフォーム費用、内装工事期間、投資利回り、リスク分散、あらゆる面でファミリーマンションよりもワンルームのほうがすぐれています。たとえば、東京23区内のワンルームの場合、当社では平均1か月ほどで次の入居者を見つけることができますが、ファミリーマンションとなると、引っ越しシーズンのピークを逃すと次の入居者を決めるのは簡単ではありません。ワンルームは1人で住むので意思決定権者も1人ですから、スピーディに物件の入居が決まります。ファミリーマンションだと、ご主人は勤務先の近くが良いと言い、奥様は日当たりやキッチンの大きさや使い勝手、そして子供の学区や病院なども問題になり、簡単には決まりません。さらに今は、史上例をみないような低金利が続いています。賃貸するよりも購入したほうが毎月の住居費は断然安くなります。ファミリーマンションを借りようとする層が、ワンルームに比べて圧倒的に少ないのです。

そのほか、入居者が退去した後のリフォーム工事もファミリーマンションのほうが高額になります。ワンルームの場合、数万円から10万円程度の工事費用ですむものが、ファミリーマンションともなると、20万円から40万円になることも珍しくありません。

さらに収益不動産の購入においては、新築よりも中古をおすすめします。わたしが中古ワンルームを強くおすすめするのは、新築のワンルームに比べて中古は価格が手ごろで、投資利回りも高くなるからです。新築マンションの場合、販売スタッフの人件費や販売促進費用、さらに販売会社の利益も建築費用に上乗せされるので、どうしても物件価格が高くなってしまいます。特に、最近では土地価格や人件費、建築資材の高騰で新築ワンルームの価格は上昇しています。一方、中古物件の価格は、売り手と買い手の需給関係で決まるので、売り手がいくら高い値段をつけたとしても、買い手がいなければ売買は成立しません。そのため、常に適正な価格で取引が行われています。現在の東京23区内の中古ワンルームの価格は1200万円から2500万円程度です。新築物件に比べて価格が手ごろなだけに投資効率も良くなります。

自分が生活するマイホームであれば、新築にこだわるのもよくわかります。しかし、投資用不動産はあなた自身が住むわけではありません。不動産賃貸業に求められるのは気分ではなく、あくまでもどれだけの収益性があるのかという厳格な数字の世界です。ですから、なにも新築にこだわる必要はないのです。

東京見学ついでに、物件確認？

売買手続きから賃貸管理会社のやり取りもすべて中澤さんに任せ、無事物件も購入。そ

図5-8

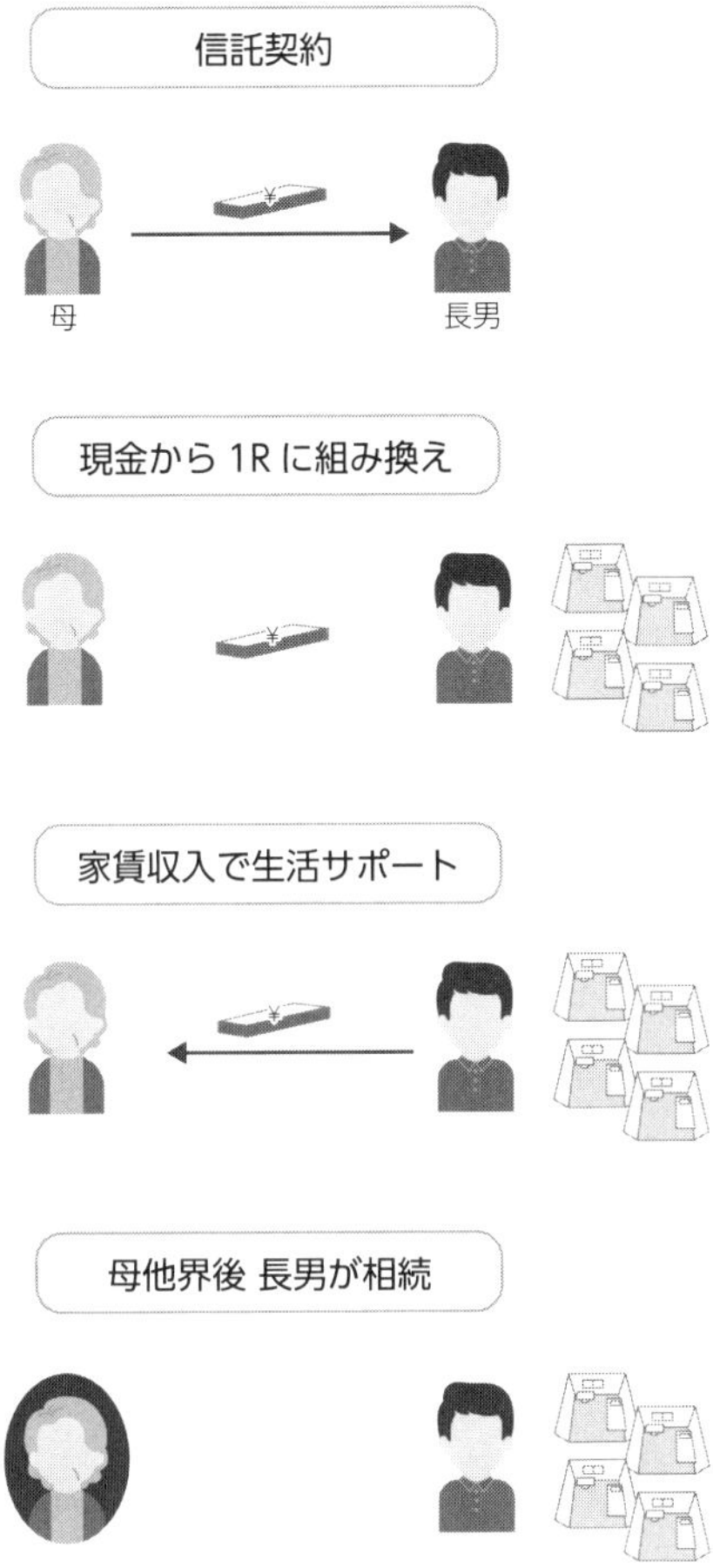

の後、毎月安定して家賃収入が信託口口座に入ってきています。

長男の中澤さんを信用しているとはいえ、物件をまだ見たことがないので、東京見物もかねて、お母様がこの春に上京しました。久々の新幹線と、東京駅に着いた時の人の多さにビックリしたそうです。東京タワーは、ご主人と登ったことがあるそうなので、せっかくだから浅草寺をお参りしてから、スカイツリーの頂上まで上がったそうです。

お母様も中澤さんがこの家族信託を提案してこなかったら東京に来てスカイツリーを見ることもなかったと言います。今回の小旅行の費用は、すべて家賃収入で賄っています。家賃収入を使ってしまっても、また来月には、お金が口座に入ってきます。今まで慎ましい生活を続けていたのは、貯金を取り崩すことに不安があったのかもしれません。不動産賃貸業をはじめてからというもの、気持ち的にも前向きになって、沖縄旅行に行きたいと言い出したそうです。

「沖縄の美ら海水族館で、ジンベイザメも見られるかしら」

おどける母を見ていると、お金のことももちろん大事ですが、いつまでも元気で、楽しい日々を1日でも多く作って欲しいと願う中澤さんでした。

第6章

これなら揉めない
70代、80代の親への切り出し方

家族信託は、認知症対策・相続対策として有効な手段です。しかし、70代、80代のご両親世代が、セミナーに参加してスッキリわかるほど簡単な話でもありません。家族信託のセミナーにも参加したことがない、一般向けの分かりやすい本も読んだことがない、遺言ぐらいなら聞いたことがあるという70代、80代のご両親に、いきなり家族信託を説明して理解してもらうのは至難の技です。普段から会話も少ないのであればなおさらです。相続の話となるとさらにガードが固くなることでしょう。家族信託のコンサルティングを行ってきたお客様の多くが、家族信託は大変画期的な手法だとおっしゃられます。

しかし、手法には納得がいっても、そもそも家族信託をどうやって切り出していいか悩んでいる方がたくさんいらっしゃいます。せっかくの家族信託もご両親に正しく伝えられなければ意味がありません。

この章では、どうやって両親に納得してもらえるのか、その心構えと説明の具体的な手法をお伝えします。

遺言を頼めないのはあなたの責任ではないが、家族信託を伝えないのはあなたの責任だ

これからの相続対策は、亡くなった後に財産をどう分けるのか、相続税がいくらかかるのかだけを話していればよい時代ではないことに、まず気づかなければいけません。すでに男性の4人に一人、女性の2人に一人は90歳まで生きる時代が来ているのです。

ご両親が亡くなられた後にどうするのかではなく、ご両親が長い老後をどのように過ごされたいのかをまず家族で話し合うことが先決です。たとえば、将来介護が必要になった時に施設に入りたいのか、それともできる限りご自宅に居たいのか、また重い病気になってしまった時に、延命治療をどのようにしてほしいのか、こうした生前の生き方をメインに話していく必要があります。長寿化の時代では、両親がいかに健やかで、長生きしてもらうためには家族でどのような準備ができるのか、どのような準備をする必要があるのかを、共通認識として持つ必要があります。

また、ご両親の将来の生活を考えることは、あなた自身の生活を考えることでもあります。人は一人で老いることはできません。だれかのサポートが必要になるのです。認知症になれば、財産が全て凍結することになり、家族が大きな影響を受けることになるのです。

だからこそ、ご両親の将来のことについてもっと話し合うべきだと思います。

これまでの相続の考え方では、遺産分割で揉めないよう事前に資産を両親にヒアリングする、遺言を書いてもらうなど、ご両親が亡くなることを前提にした話でした。だからこそ、多くの方が相続について家族で話し合うことを躊躇してきたはずです。ご両親にしても、いくらかわいい子どもや孫のためとはいえ、自分自身が亡くなった後の話、しかもそれが財産中心の話ともなれば、面白い訳はありません。そんな遺言だからこそ、いままでも利用者は多くありませんし、あなたが利用できなかったとしても無理はありません。

しかし、家族信託は違います。

家族信託の目的は、ご両親が豊かに、健やかに老後を過ごしてもらうために財産管理を行うものです。ご両親の死後に財産をどう分けるか、節税するかという話ではないのです。ご両親が充実した生活を送るために、どのように財産を活用するかという話です。だからこそ、家族信託を使って家族の将来の生活について話し合うことは、誰にとっても必要なことだと思います。

遺言について両親に打ち明けられないのは、それがご両親の死後の話、そして子供たちにとっての利益にしかならない話だからです。家族信託は、ご両親の生前の話、そして家族全員にとって意味のある話です。だからこそ、そして家族信託を活用してご両親が豊かな生活をこれからも送れるような、話し合いの場を持っていただきたいと思います。

ご両親の想いを理解する

家族信託がご両親のためだからといっても、あなたの考えを押し付けるのは感心できません。家族信託について話すことよりも、もっと関心を持つべきことがあります。それがあなたのご両親が今後、どのような人生を歩んでいきたいのかということです。もし、施設に入ることになったら、場所はどこで、どのような施設がいいのか、最終的には、兄弟が複数いれば、誰に面倒を見て欲しいのか。私がコーディネートしたお客様の事例をご紹介します。

80歳になるご両親と同居している松井さん（長女、50歳）のお話です。長男である弟は、大学を卒業してから家庭を持ち、千葉にお住いです。松井さんは、結婚されていましたが、ご主人を不慮の事故で亡くなってしまい、現在はご両親と同居しています。

47歳になる長男は管理職になってからというもの、忙しい仕事がさらに忙しくなり、実家に帰るのも数年に一度。親のことはすべて松井さんに任せています。

『あの人は、親の気持ちなんて考えたこともない。出世と住宅ローンの返済、そして思春期の娘のことで頭がいっぱいなんだよ』と松井さんは愚痴をこぼしています。ただ、姉弟仲は、決して悪い訳ではなく、めったに会うことはないがゆえに、すれちがいが起きていました。

本来なら長男である弟が両親の生活、そして将来についてもっと向き合ってほしいと思っていますが、弟の現状を考えればそう簡単にはいかないと諦めていました。ただ、幸いなことに、これまで両親は大病をわずらったことはありません。年齢の割には健康に暮らしているといいます。しかし、最近では耳も遠くなり、補聴器をつけだしたこともあるので、両親の将来について喫緊の問題として考えるようになったのです。そんなときに松井さんとご面談させて頂きました。

どうやら松井さんのお父様はだいぶ頑固のようで、相続や介護について話し合いたいのだが、どうすればよいのかというご相談でした。そのほか、介護施設に入所する場合は費用をどう工面したらよいのか、実家はどのようにすればよいのか、昔から株式投資をしていることは分かっているが、どれだけの金融資産があるかわからない。これまでにも、相続関連書籍を読み漁り、セミナーにも参加してきたそうなのですが、相続対策について書かれていても、父の説得方法まで教えてくれるものはないと気づいたそうです。

これはご両親の相続を前にして、誰もが抱くお悩みです。大切なことは、亡くなった後の話をすることではなくて、お父様がいかにこれからも幸せに暮らしていけるのか、そのための話し合いをするという意識です。

愛情を注いで育ててくれたご両親に最高の環境で老後を過ごして欲しい。そのために介護施設はどこがいいのか、自宅の介護を希望するのか、介護が必要になった時にどのような生活をしたいのか、年に一度は旅行をしたいのか、それとも普段お世話になっている人たちと交流が途切れないようにしたいのかなど、ご両親がいつまでも心豊かに生活できる環境を作るための質問してみてくださいと松井さんにはお伝えました。一度にではなく、少しずつ、お父様の理解にあわせて話を進めることも重要です。面と向かって伝える機会がなかったり、気後れするのであれば、手紙も有効であるとも伝えました。

松井さんと面談してから2ヶ月経った頃、ふたたび連絡がありました。

「横手さん、両親がセミナーに参加したいと言っております。参加できるでしょうか」

どうやら手紙が効いたそうです。口数が少ない父との会話が増えて、お父さんに聞いて欲しいセミナーがあるのと伝えたら、二つ返事で参加すると言ってくれたそうです。

家族信託のセミナーに参加してから、お父様も何もしないでいることが、たくさんの問題を引き起こすことに気づいてくれたそうです。また、後見人がついた場合は、全く見ず知らずの職業後見人の弁護士や司法書士がつくのは嫌だとはっきりと言ってきたそうです。

この気づきをきっかけに、生前の財産管理についてお話をしていくことに決まりました。弟にこの話をしたところ、あの頑固だった父が変わったのかと大層驚き、これからは弟も家族会議に参加してくれると約束してくれたそうです。

普段、両親と将来の生活について真剣に話したことがない方がほとんどでしょうから、照れくさいのもよくわかります。そうであれば、一気に質問をするのではなく、半年に一つの質問でも十分かもしれません。この質問には、お金の話は出てきません。あくまでもご両親が希望するこれからの生活に関する質問です。

いくら貯金があるの？　金融資産はどのくらいあるの？　口座を開いている銀行は？　株式投資の銘柄は何？　不動産の権利証は？　遺言を検討して。

これらの質問をしてしまえば、イエローカードだけでなく相続の永久レッドカードが出てしまうかもしれません。

まずは、ご両親が最後の最後まで幸せでいられるための想いを聞くところから、始めることをお勧めします。

家族信託の仕組みを伝えるのではなく、目的を伝える

子どもが親に対して、セミナーなどで覚えたにわか知識で話してしまうのは、話をこじらせてしまう典型的なパターンです。いきなり家族信託の専門用語を説明し始める。「委託者、受益者、受託者の関係性」は、名前を覚えなくても話は進められます。

大切なポイントは、法律用語よりもなぜこの家族信託をする必要があるのか、目的をしっかりと考えることです。そして、家族信託を行わなかったら生じる問題点を認識してもらうことです。「認知症になると銀行預金が凍結されて、介護が必要になった時に口座からお金を引き下ろせずに、希望する施設に入れないかもしれない。事前にお父さんの希望を聞かせてもらえたら、信託したお父さんのお金で支払うことができる。」このように、ご両親にとっての痛みを伝え、家族信託がその痛みを取り除く特効薬であることを本人自身に気づいてもらうのです。

一気にまくし立ててお話ししても理解が難しいと思うので、体調が良く落ち着いた時にひとつずつ反応を見てみることが大事です。専門用語を一切使わずに、家族信託を説明することが大事です。どこに痛みがあるのか、そして、家族信託で痛みをどのように解消できるかと説明することから始めて欲しいと思います。

話をするのは早ければ早いほどよい

話すタイミングは、いつが良いのかと相談されることもたくさんあります。ご両親と会うのは、お盆とお正月のみという方は多いでしょう。自分で家庭を持っていれば、帰省するのが億劫になって、数年帰っていない方もいるかもしれません。相談を受けるケースの大半が、両親が脳疾患で入院した、介護施設に入ってから元気が無くなってきた、物忘れが目立つようになってきたなど、問題が顕在化しはじめてからです。

しかし、認知症の前兆が見え始めてからの、信託契約は大変難しいのが現状です。

実際に、母親の物忘れが目立つようになってからご相談に来られた女性がいらっしゃいましたが、お会いさせていただくと認知症が重症化しており、結局信託契約ができませんでした。このように、家族信託がまさに必要だと多くの方が認識されたときには、実は契約できるか否かの境い目であることが多いのです。

ご両親が70歳前後であれば、もう家族信託を検討していい時期だと思います。

もちろん受託者候補の子供たちがまだ20代で若いとか充分な信頼関係ができていないなども問題のあるとは思います。信頼できる家族がいるのであれば、自宅や駐車場など一部の不動産からスタートすることをお勧めします。話をするのは早いに越したことはありません。

家族会議が何度も行われて、結局家族信託をしないという選択でもいいのです。家族が一枚岩になって、相続について方向性が固まれば、家族信託を利用しなくても良いケースもあります。親の考え、子供の考え、配偶者の考え、立場が違えば、それぞれ違ってくるのは当然です。家族信託を検討した結果、お互いがまず絆が深まるだけでも十分価値あることだと思います。

いきなり専門家を同席させるのはＮＧ

ご両親に説明するにあたって、弁護士や司法書士などの士業の専門家を同席させたらどうでしょうか。バッジの力で、専門家が話しをしてうまくいくケースもあります。しかし、私の経験から専門家が出てくるのは後の後がいいと思っています。信託契約がうまくいくかどうかは、家族信託に関する知識や制度を深く理解しているかどうかではなく、その人の想いや願いをきちんと汲み取り、その解決方法をうまく提案できたかどうかです。

そして、お客様と専門家をつなぐ存在が、私たち家族信託コーディネーターです。

私が心がけているのは、家族の希望や願い、過去の相続の経験、親族間での人間関係、環境、資産背景から、いかにその方の問題点、つまり将来の痛みをお伝えできるかです。ひとつより二つ、二つより三つ、問題を見つけることに集中してお話をお聞きします。いわば、ドクターがレントゲンを撮って、一般的には見過ごしてしまうような腫瘍を見つけるように、くまなく問題点を確認していきます。見つけてきた問題の解決手法を信託の契約書として形にするのが専門家の仕事です。

もちろん、コーディネーターも税務の観点なら税理士、法務の観点なら司法書士の力を借りないと最終的には、将来にわたって安心できる万全のサポートをすることはできません。チームで家族信託を作り上げていくのです。士業の専門家が出てくるのは後の後、まずは家族信託コーディネーターと一緒に問題点を見つけていくことから始めてください。

兄弟、親戚への配慮を欠かせない

家族信託は、財産を預ける人（委託者）と財産を預かり管理運用する人（受託者）の二人で契約することができます。贈与と同じで、財産を持っている人と財産をもらう人の契約で、他の相続人に同意を得る必要はありません。

しかし、家族信託を利用する場合は、相続人全員の合意を得ることはとても重要です。財産を管理する人は、財産を持っている人から１００％財産をもらえる訳ではありません。あくまでも、信託の目的に沿って財産を管理する人にすぎません。他の相続人に家族信託の仕組みをきちんと説明しておかないと誤解や不信感を与える可能性が出てきます。

実は私にも苦い経験があります。栃木県にひとりで暮らす高齢の母親の家族信託について、東京で暮らす息子さんから相談を受けました。母親が所有している東京の収益不動産がいつのまにか、売却手続きに入っていたというのです。母親に聞いても売りに出した記憶はないということ。急いで実家に戻って、契約書類を確認したところ、たしかに不動産の仲介取引に出している形跡が見つかったのです。書類を見せながら、母親に聞いたところ、以前からある不動産会社から売却の勧誘を受けていたことがわかりました。ただ、実際に売りに出している認識はなかったというのです。そこで、息子さんは母親の財産管理が心配になり、家族信託を検討することになったのです。

私も息子さんと一緒に栃木県の実家までお伺いさせて頂き、お母様に家族信託の目的と必要性について丁寧に説明させてもらいました。ゆっくりと、そして時に繰り返しご説明することで信託契約にもご納得頂き、次回は具体的な契約内容についてお話しさせていただく予定でした。

しかし、ここでご相談者の妹から横やりが入ったのです。相談者である長男が家族信託を利用して、財産を独り占めしようとしているというものです。財産を管理することと財産を相続することは別の話ですが、そのまま財産を長男が相続するものだと勘違いしていたのです。結局、信託契約は結ばれずにいまに至っています。

相談者から見れば、妹にはきちんと誠意をもって信託契約の内容について話したはずでした。しかし、家族信託は世間的にはまだまだ認知がされていない新しい手法です。妹さんから見れば、よくわからない手法を使って財産を独り占めしようと見えたのでしょう。

相続財産に関する話題は大変デリケートなものです。きちんと説明したつもりでも、家族信託の目的や信託契約がご両親のためであるということを、家族全員が理解することができなければ、いくら画期的な制度とはいえ、正しく機能することはありません。

最終的に家族信託がうまくいくかどうかは、利用する人の問題です。

ただ、家族信託について家族間で話し合うほど、家族の信頼も深まり、一枚岩の関係を作ることもできるのです。実際、私も信託契約を行うにあたって家族と話し合いを重ねましたが、契約前と比べて、家族がそれぞれ抱える想いへの理解やお互いの信頼関係が深まったと実感しています。

家族信託を成功させるためには、家族信託の目的となぜ行う必要があるのかを、家族全員が充分理解していることが必要です。

第7章

「超」実践的な家族信託の進め方

これまでの章をお読みになって具体的に家族信託を検討してみようと考えているあなたに、ここからは家族信託の進め方をご紹介していきます。ゼロからスタートして家族信託を契約し、運用までどのような流れで進むのか、10のステップにまとめました。

順を追って確認していくことで、これから家族信託を契約、運用していくまでの全体像を把握できるはずです。あなた自身の状況に置き換えながら、一緒に確認していきましょう。

具体的な手順をお伝えする前に、ステップゼロともいえる家族信託の考え方についてお話しします。

私は毎月家族信託のセミナーを開催しているのですが、参加者の皆さんには「ためになる話を聞くことができた」とご満足頂いております。ただ、ここからが問題です。良い話を聞けたことで終わってしまって、具体的な行動に移す方は多くはありません。セミナーに参加するということは、認知症や相続についてお悩みを抱えていたり、いまから対策をしたいと考えているはずです。しかし、セミナー後に改めて相談に来た方のお話を聞くと、すでに父親もしくは母親が認知症になってしまって、家族信託を利用できないというケースは珍しくありません。

この認知症・相続の問題に関して、今までたくさんの方とお会いしてきましたが、正しく自分が置かれている状況を理解している方は少ないと感じています。

病気を例に考えてみましょう。病気はいつ発症するか分かりません。そのため、年に一度の人間ドックを受けることになります。代表的な検査にバリウム検査があります。あのドロドロとした白い粘液をモニター越しから指示を受けて、胃の中に流し込む時の違和感は何度経験しても馴染めません。バリウム検査をはじめとして、人間ドックでは、様々な角度から身体に関する検査を行います。そして結果的に、自分の身体の現状を客観的に数値として知ることができます。

検査結果が良好な方もいれば、重大な疾病の疑いがあり再検査が必要な方もいるかもしれません。ただこれも正しく現状を把握できたからこそ、素早い処置が可能になるのです。早期の対応ができれば、治療の選択肢も広がります。一方で、人間ドックを利用せずに発症してから病院にいくのでは手遅れになることも十分考えられます。

この書籍を手に取って頂いた時点で、あなた自身、そしてあなたのご家庭でなんらかからの心配事があるはずです。ひとたび認知症が重症化すると「財産凍結」という想定外の問題が発症します。なにも手を打っておかなければ本人だけでなく、家族にも大きな負担が生じることになります。あなたは認知症の問題、相続の問題を先送りにしていませんか？問題を先送りにせずに、これからご紹介する家族信託の10のステップを参考にして、ぜひ家族信託を検討頂きたいと思います。

家族信託を進めるまでの最新10のステップ

ＳＴＥＰ １　現状分析　問題を知ることから始める

まずは、家族信託のセミナーに参加することをお勧めします。参加の目的は、個別相談を受けることとです。セミナーを選ぶ際のポイントはセミナー講師が豊富な実務経験を有していること。そして、事例がたくさん紹介されていることです。セミナーでは、家族信託の基本的な仕組みと民法における相続対策の大枠をつかむことが大事です。理解度は、30％～50％でも十分です。

セミナーですべてを理解するのではなく、個別相談で自分自身の置かれている状況を説明するために、必要な知識があれば十分です。

個別相談に参加する目的は、自分自身の、そしてご家族が置かれている現在の状況が将来どのような問題を引き起こすのか正しく理解するためです。書籍を読み、セミナーに参加するだけでは、なかなか問題を浮き彫りにすることはできません。個別相談では、なるべくたくさんの問題を知ることが重要です。いくら最新の相続対策を知ったとしても自分の問題にマッチしなければ絵に描いた餅です。自分自身の問題を正しく知ることができれば、解決策は家族信託の専門家が示してくれます。

ここで注意して頂きたいのが、ノウハウや解決方法ありきで情報を収集しないことです。個別相談という人間ドッグを受けることによって、客観的に自分の問題を知ることができます。しかし、この時点では、まだ家族信託を検討するかどうかはわかりません。家族信託は財産管理、相続対策手法の一つです。問題を認識した結果、家族信託を利用せず、別の手法のほうが、解決に向いていることもあるのです。

私は、毎月開催している家族信託のセミナーを通じて、声を大にして伝えていることがあります。それは、「まずは個別相談で自分の問題を一つでも多く見つけること。そして、家族信託をするという決断をすぐにはしないで下さい」ということです。1年間に相続のセミナーを10回聞きました、相続関連の本を読み漁りましたというだけでは、家族の問題は見つかりません。私が現場でたくさんのお客様にお会いして感じているのは、自分のことは、自分が思っているより、よくわからないということです。

客観的に相続の問題と向き合うことがまず必要となります。まずは、家族信託のセミナーに参加して、基本知識を得てから、家族信託の専門のコンサルタントの個別面談を受けましょう。もちろん、本書を読んでいただき、直接家族信託に精通したコンサルタントと面談しても問題ありません。

STEP 2 「財産の棚卸し」と「理想の相続」を考える

あなたが個別相談で3つの問題を知ることができたとしましょう。

- 認知症になると財産が凍結する
- 介護費用をどう捻出したらいいかわからない
- 相続発生後に不動産が共有名義になって、兄弟でもめてしまう

ここから次のステップです。それは財産の棚卸しと理想の老後、理想の相続を考えることです。

また、問題をもとに相続対策を検討するときに、前提となるものが相続発生時にどれくらいの相続税が発生するのかということです。相続税の試算は対策の前提ですが、ほとんどの方はどれくらいの税金が課税されるのかご存じありません。

相続税の試算だけではなく、ご両親の生前の収入対策もしっかりと考えておく必要があ

ります。相続税を心配したり、遺産分割で頭を悩ませる方は多いのですが、ご自身やご両親がこれからも豊かに生活していくために、どのように収入を作っていけばよいのか対策を立てることも重要です。多くの方が長生きすることによる、生存対策がすっぽり抜け落ちているのです。自分やご両親が認知症になったときの介護費用をどうやって捻出するのか、どのくらい費用がかかるのかしっかり把握しておきましょう。

相続対策と生存対策のどちらが重要かと言えば、それは生存対策です。ご両親が最後まで、豊かで快適な老後を暮らせることを一番優先して考えなくていけないのです。子供たちに財産が残るかどうかは二の次です。

このステップでは、ご両親が理想とする老後生活を送り、理想とする相続を実現するための具体策として、財産の棚卸しからはじめます。

現在所有している財産の種類が分からなければ、どのように財産を活用して老後の収入源をつくればよいか検討することはできません。また、その後の相続を考えた時にも、効果的な相続対策は立案できませんし、相続税の試算も不可能です。全ての対策は現状を正しく認識することから始まります。財産を把握し、財産をどう活用したいのか、そしてどのように財産を遺したいのかを時間をかけてでもじっくり取り組んでいきましょう。

普段から自分の財産を整理していないと、財産の棚卸には想像以上の時間と労力がかかります。加入している生命保険は、どんな保険で、受取人は誰だったか？　親から相続された土地と建物の権利証は、どこにあるのか？　相続登記はされているのか？　確認すべき点は多々ありますが、まずは、自分が思いつく財産の棚卸しから始めてみましょう。

財産の棚卸しがひと段落ついたら、その財産をどのように扱っていきたいのか、ゆっくり時間をかけて考えてみましょう。財産の内訳を見ると不動産が多く、総資産額の割に収入が少ない方もいるかもしれません。そうした場合は、活用していない不動産を売却して、家賃収入を生んでくれる収益不動産に組み替えるのもよいでしょう。

また、ご両親は誰に、どれだけの財産を承継させたいでしょうか。子供たちは今回の相続に何を期待し、何を望んでいるでしょうか。相続で揉めないように残された家族に配慮した財産分与も考えたいですよね。また、多額の相続税がかかるのであれば、節税も念頭に入れた対策を考える必要があります。考え出したらきりがないのですが、あなたが理想とする相続や現状の相続の問題点を考えるうえでは、次の項目を参考にするとよいでしょう。

親＝推定被相続人

- これから介護費用がどのくらいかかるのか
- 誰に面倒を見てもらいたいのか
- 誰にどの財産を承継させたいのか
- 誰に財産を渡したくないのか
- 兄弟姉妹の仲はいいのか
- 相続税の試算（最大いくら相続税が発生するのか）
- 節税の必要はあるのか

子供＝推定相続人

- どこから納税資金を捻出するのか
- 親の体調、認知症リスク
- 不動産が共有になったときのリスク
- 介護が必要になったときに誰が面倒を見るのか

財産

図表7-1　優良資産と不良資産の見極め

問題なし	問題あり	要検討
・現金 ・収益性のあるマンション	・手入れをしていない田舎の空き家	・更地 ・駐車場

- 自宅は誰が引き継ぐのか
- 不動産の棚卸しをする。優良資産か不良資産か
- いくらで売却ができるか
- どのぐらい売却に時間がかかるのか
- 未上場株をお持ちであれば、株の評価は？
- 生命保険の受取人は誰になっているか

財産の活用法や理想とする相続を考えると同時に、相続税の試算もしておきます。実は、相続税を試算していく過程で、相続財産の現状も知ることができるのです。不動産の場合は、評価の仕方によっては、大きく評価額が変わってきます。いざ相続が発生した後に、慌てないために、不動産の権利関係が複雑な場合はあらかじめ、不動産鑑定に強い税理士に相続税の評価額を依頼しましょう。（相続税の試算費用の目安は、10万円〜30万円）

STEP3 家族信託について家族間で話し合う

財産の棚卸しをして、今後どうしていきたいか大枠を決めていきます。大枠が決まっている方、またどのようにしていけばよいのか決めきれない方も、このステップでは家族間で話し合い、より具体的な方針を決めて、家族で共有していきます。

家族信託において最も重要で時間がかかるステップが、家族の同意を得ることです。コーディネーターと話して、大まかな役割分担を家族に割り当てたとしても、その役割に対する家族の同意が得られなければ家族信託は成立しません。

また、信託契約を家族で話し合いをすることによって、相談者が思いもよらなかった家族の想いを知るケースもあります。また、家族信託ではない新たな解決方法の提案もあるかもしれません。このように、家族のあいだで家族信託の合意を得るプロセスは一筋縄ではいきませんが、信託の内容について家族で話し合う時間は家族の絆が深まる時間でもあります。お互いに顔を直接あわせて話し合いをすることが一番ですが、それぞれが住んでいる場所柄、全員が集まることが難しい場合、家族信託に精通しているコーディネーターに依頼するということも選択肢の一つです。

また、家族信託の仕組みやなぜ家族信託を利用しようとしているのかをうまく説明できそうにない方は、コーディネーターに同席をお願いしてみましょう。彼らから話しをしてもらう方がより正確に説明出来ることもあります。自分ではうまく説明できないのであれば、家族信託のセミナーに家族で来てもらうのもオススメの方法です。客観的に家族信託によって何が得られるのかを説明してくれます。

子供の立場で、親に説明するときは、第6章を参考にしてください。

STEP 4　家族信託の初期設計を行う

家族と相談して家族信託をするという意志決定をしました。すると、いよいよ家族信託の内容について具体的に設計をしてきます。

信託契約の内容を考えていくうえでは、次の項目をひとつひとつ確認しながら進めていきます。実は、ここが家族信託コンサルタントの腕の見せ所です。ここは、経験の差が出てくるところです。家族信託の設計する際には、様々なことを想定しなくてはいけません。つまり、未来を予測するアイデアが必要になります。あなたも将来を予測して家族がどうしたら一番幸せになれるかをイメージする、一緒に将来の姿を設計していく姿勢が大事です。コンサルタント任せもいけません。きちんと家族の思いを汲んだ設計をすることが大事で、家族信託のコンサルタントが、強引に設計を進めるようではいけません。

ひとつひとつ設計する際のポイントを見ていきましょう。

家族信託の目的と登場人物(委託者・受託者・受益者)

- 家族信託の目的（ここが一番大事です！）
- 財産を預ける人と利益を受けとる人の確認
- 財産を管理する人及び予備の管理人の確認
- 二番目に利益を受けとる人の確認（実質的に遺言と同じ効果があります）
- 登場人物が欠けた場合の措置

信託財産と登場人物の権限

- 信託する財産の種類と内容（どの不動産か？　また現金はいくら信託財産にするのか？）
- 追加する財産の取り扱い方法など
- 財産を管理する人の権限と制約
- 利益を受けとる人が持つ権限と制約

図7-2　信託スキーム

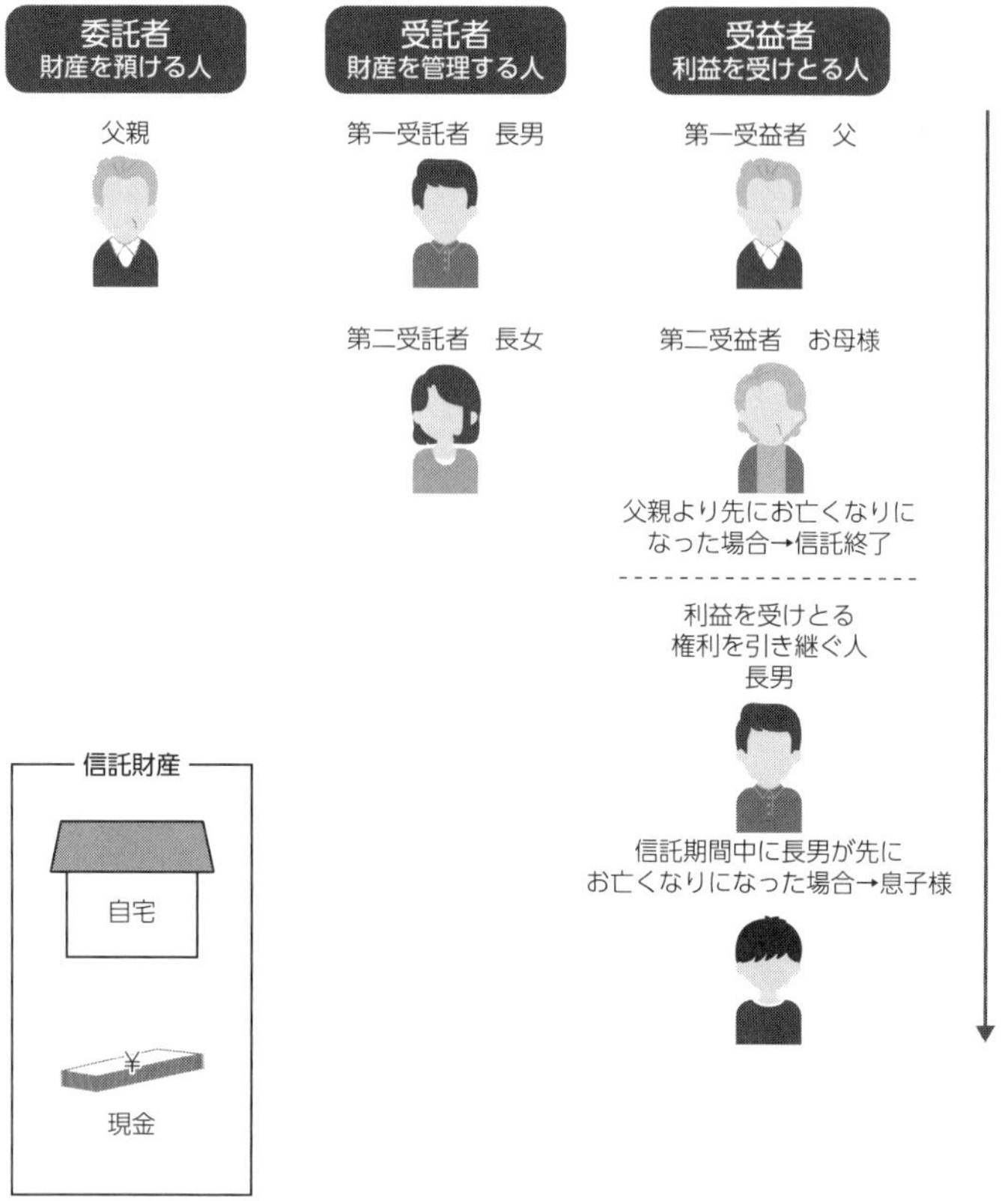
委託者
財産を預ける人
受託者
財産を管理する人
受益者
利益を受けとる人
父親
第一受託者　長男
第二受託者　長女
第一受益者　父
第二受益者　お母様
父親より先にお亡くなりに
なった場合→信託終了
利益を受けとる
権利を引き継ぐ人
長男
信託期間中に長男が先に
お亡くなりになった場合→息子様
信託財産
自宅
¥
現金

状況変化への対応と契約の終了事由

- 契約の変更方法
- 契約の終了事由（家族信託の終了方法は重要なポイントです）
- 契約後の状況変化への対応方法

ここの設計で完璧を求めてはいけません。あくまでもラフ案であり、決定版ではありません。税務そして、法務の観点からより精度の高い家族信託の設計書を仕上げていきます。設計のポイントは、家族が最大限幸せになれるかどうか、想定外のことも考慮に入っているか、そして税務の観点から落とし穴がないかどうかです。

STEP 5　家族信託の費用

オーダーメイドで自分の家づくりを建築士と打ち合わせをしていくと、どのくらいの費用かわからなくなり、最終的に予算オーバーになることもありえます。家族信託も同様です。この初期設計の段階で、大枠の見積もりをお願いしましょう。ここまで来ると費用が実際どのくらいかかるのか、また信託契約をした後にどのような支出があるのかあなたも気になりますよね。

家族信託にまつわる費用は、主に「契約書の作成と設計のコンサルティングに伴う費用」と「信託財産の登記費用」の2つです。この費用は、信託財産を委託した親、委託者が支払います。信託財産に現金を入れてから支払っても問題ありません。

第1フェーズ（信託契約作成とコンサルティング費用）

家族信託のコーディネート及び、コンサルティング費用

信託契約書作成の費用

第2フェーズ（登記、公正証書費用など）

公証役場の手数料　（信託契約書を公正証書で行う場合）

登記費用：不動産を信託する場合　登録免許税（建物は、固定資産税評価額の0・4％、土地は、0・3％）及び司法書士への報酬

契約書の作成に支払う報酬は、信託財産が不動産の場合は、固定資産税評価額に基づいて決定されるのが一般的です。多くの財産を信託財産にしたり、経済的価値の高い財産を信託財産にすればするほど費用も高額になります。契約を長期に保障する責任費用と捉え

てください。この信託契約の費用は、一般的な遺言の作成費用に比べると高額です。

たとえば、5000万円の不動産を信託財産にした場合、その5000万円の固定資産税評価額に対して1％程度が信託契約書の作成費用と設計コンサルティング費用となります。なお、財産評価額に対するかけ率は、おおむね1％程度が基準となります。かけ率を1％で計算すると、信託契約の作成及びコンサルティング費用は50万円です。なお、登記費用は信託財産を不動産にした場合にかかるものであって、現金を信託財産にした場合は登記費用はかかりません。

STEP6　家族信託に精通している士業との面談

家族で話し合い、費用についても家族で合意できたとします。すると、いよいよここから家族信託に精通している司法書士、行政書士、税理士との面談となります。ただ、全国的に見て家族信託に精通している専門家はまだまだ少数です。実務経験のある専門家は、家族信託のコーディネーターに紹介してもらうのが一番です。ここで、法律、税務の観点から具体的なアドバイスをもらうことができます。

専門士業との面談は、相続税の試算が終わっているケースと終わっていないケースの2つのパターンに分かれます。

過去に相続財産の棚卸を行い、相続税の試算も終わっている方は、信託契約書を作成する司法書士や行政書士と面談を行います。

一方、これから財産の棚卸しを行い、相続税の試算を行う方は、まず税理士に相談して相続税のシミュレーションを作成してもらいましょう。相続税の試算をせずに、いきなり家族信託の内容については検討することはできません。病気の原因がわからないのに、いきなり身体にメスをいれるようなものです。概算の相続税が分からなければ、財産の配分割合を決定する材料となりません。また、そもそも家族信託を活用すべきか、財産を売却して組み替えたほうがいいのか決断できません。つまり設計の段階で、間違ったプロセスを選択してしまうリスクが高まるのです。相続税の試算が終わっていない方は、まず税理士に相談し、そのあとに司法書士、行政書士に法務の面で、相談してみましょう。

士業との面談では、家族がイメージする家族信託の設計が法務の面、または、税務の面から見て問題がないかチェックしてもらいます。

STEP 7　信託契約書の作成

契約書の作成は、家族信託専門の士業の分野なのですべてお任せすることになります。

信託契約書は画一的なものではなく、全てオーダーメイドの一点ものです。信託契約書は、他人の契約書を参考にしてコピー&ペーストして出来上がるものではありません。そのため、作成時間は一ヶ月ほどかかると思ってください。そして、契約書の原案を作ってもらった段階で、財産をもっている方、財産を託される方と打ち合わせをします。契約書の内容に問題がないようであれば、公証役場で、公正証書の手続きの予約をしてもらいます。（1ヶ月先ぐらい見ておけば問題ないと思います）同時に、所有している不動産の借り入れがある場合はこのタイミングで、信託登記を金融機関に承諾を得ておきます。

1回目の士業との面談から、数回の修正があって契約書が確定するのが一般的です。契約書の条文は20以上になると、複雑な内容になるので高齢の親には理解が難しくなります。契約後のトラブルを防ぐために、条文を絞ったシンプルな契約書が望ましいです。

以下のポイントを参考に、契約書をチェックしてみてください。

1　信託の目的が財産を委託する親の意向とあっているのか。
2　信託する財産の内容が間違っていないか。
3　信託の契約書が複雑になっていないか。複数の目的がある場合は、契約書を分けるこ

とが一般的。（人、財産、目的ごとで契約を分ける）

4　信託財産の売却を行う場合、処分という項目が入っているか。（「処分」項目がないと売却できません）

STEP 8　信託契約の締結

いよいよ親と子の間で信託契約を締結します。信託契約にあたっては、公証人による公正証書にする方法と当事者間だけで行う私文書の方法があります。家族信託の契約は、公正証書が絶対条件ではありませんが、公正証書には契約に客観性と信頼性を与えるというメリットがあります。

公正証書は公証人により契約書の確認、また契約当事者との本人確認、意思確認が行われるので、信頼性が高い手法です。公正証書にする場合は、別途費用がかかること、また公証役場に出向く必要があります。私文書でも契約の効力は発揮しますが、取引行為の安全を期すためにも公正証書による契約をおすすめします。

そのほか、公正証書にするメリットは、信託口口座を作成する際に出てきます。信託口口座とは、財産を管理する人の口座（子）と財産を託す人の口座（親）を分けて管理するための専用の口座です。同じ口座だとどちらの金銭なのか区別がつかなくなるので、専用の口座を金融機関に作成してもらいます。この口座の管理は子が行いますが、実質的な所有者は、財産を託した親のものです。個人口座であれば、相続が発生した時に金融機関はその事実を知ってからすぐに口座を凍結して引き下ろしや振込ができなくなりますが、信託口口座であれば、凍結しません。

現状のほとんどの金融機関は、信託口口座の作成は公正証書として信託契約を交わすことを条件としています。ただし、公正証書で信託契約を交わしたとしても、必ずしも信託口口座を作成できるとは限りません。事前に、家族信託の専門コンサルタントに、信託口口座作成の条件を聞いておきましょう。

〈公証役場選びの注意点〉

公証役場は、全国の主要都市にはあります。現状、家族信託の契約書をスムーズに進めてくれる公証役場が少ないのが現状です。地方の公証役場では、公証人の判断でお断りされることもあるかもしれません。

パターンがある程度決まっている遺言と違って、信託法をきちんと読み込んでいなければ、難儀するのも理解できます。東京の公証役場でも公証人によって対応が違ってくるので、依頼者のご自宅から遠くても、信託契約がスムーズにいく公証役場をあえて選択することもよくあります。難しい病気でも治してしまうドクターの病院に遠くても出向くのと同じ考え方です。家族信託のコンサルタントと相談しながら決めてください。

STEP 9　家族信託の管理スタート

信託契約は契約を締結した時点から効力が発生します。財産を預かった人はここから財産管理人としての仕事がスタートします。

現金を信託財産とした場合は、信託契約書の原本を金融機関に持ち込み、信託口口座を作成します。1000万円を信託財産とした場合には、委託者の口座から1000万円を直接信託口口座に振り込みします。その際の口座名は「委託者〇〇　受託者〇〇信託口口座」となります。

不動産を信託財産としていた場合は、契約締結によって財産を管理する人に所有権が移転します。財産を預ける人から預かる人の名義に「登記」することよって財産を預かった人に所有権が移転したことが第3者にわかるようになります。そして、収益不動産を信託財産とした場合は、家賃の振込先を財産を預ける人の口座から、信託口口座に振り込みを

通帳イメージ図　著者が作成した信託口口座

変更する手続きを賃貸管理会社にとります。マンションであれば、建物管理会社に支払う「管理費や修繕積立金」も。通常、管理費と修繕積立金の支払いは口座振替になっているので、この口座振替の変更手続きも併せて行います。

STEP 10　変更、追加信託、信託終了

ここからは、信託契約を締結してからの話です。よくあるパターンが、信託財産として当初組み入れた財産に、追加で財産を加えていきたいケースです。家族信託の手続きを終えて、様子見だった収益不動産や現金を信託財産として追加したいケースです。このケースでは、追加信託という手続きをすれば可能です。費用は10万円前後で、財産を預けた親と財産を管理する子供との家族信託契約をまた公証役場で手続きをすれば、問題ありません。ここでのポイントは、新しく信託契約を交わすのではなく、当初の契約に信託財産を組み入れることです。

また、信託契約では「契約内容を変更すること」、「途中で信託を終了させること」も可能です。契約当事者の合意の上、変更または信託の終了が可能になるのです。想定外の出来事が起きる可能性は十分あります。家族信託のコンサルタント、信託の契約をしてくれた士業の先生に相談しましょう。

遺言と家族信託をワンセットで進めていく

家族信託と合わせて、公正証書遺言を一緒に行うと家族信託の効果をより高めてくれます。

遺言と家族信託をセットで行う理由

●円満な遺産分割を行うため

家族信託は、信託財産に組み入れることのできる財産の種類に実務上制限があります。畑や田んぼのような農地、上場株、そして、年金が入ってくる預金口座は信託財産に加えることはできません。そのため、信託財産に供しなかった財産部分について、財産承継でもめないようにするためには、当該部分についての財産の分け方を記した遺言を残すことが重要です。遺言を書かない場合は、相続が発生すると、信託財産を除いたその他の財産は遺産分割協議の対象となってしまいます。

たとえば、両親と子供ふたりの家族で考えてみます。財産の大半を所有する父親が認知症になったときに備えて、信託契約を交わしました。もし、このとき遺言を残していなかった場合どうなるでしょうか。父親が亡くなった時点で母親が認知症になってしまっていると、遺産分割にあたって母親には後見人を立てる必要が出てきます。信託財産にできなかった農地や上場株は遺産分割協議の対象となります。後見人がついた場合、法定相続分で分けられることになるので、不動産が共有名義化することになりかねません。共有名義となった不動産の処分が難しいことはすでにお伝えした通りです。財産承継が複雑になるだけでなく、今後母親が所有する財産の管理は、信託財産を除いて、すべて後見人の管轄になります。

遺産分割時のトラブル防止と今後の母親の財産管理を考えれば、信託財産を除いたそのほかの財産の承継先を遺言で指定することが欠かせません。

公正証書遺言に限らず、費用をかけずに、今日にでも書きたい場合には自筆証書遺言がありますす。図表7-3のようにシンプルな内容でも有効です。

ただ、ひとつでも不備があると無効になるリスクがあります。法律的に証明力があるの

図7-3

遺言書
私のすべての財産は、長男　鈴木太郎に相続させる
平成○年○月○日

鈴木一郎　印

全部手書き、日付、名前、ハンコ(認め印でもオッケー)

は、公証人の面前で署名捺印をする公正証書遺言です。自筆証書遺言を書かれる際の参考にしてみてください。

● 親から子供への想いを伝えるには、遺言の「付言事項」が効果がある

付言事項とは、いうなれば家族に宛てた最後の手紙です。なぜ、この財産を長男に相続させることになったのかという理由や配偶者や子供に対する感謝の気持ちを残すことによって遺族間の揉め事を防止する効果があります。文字数の制限も特にありません。あるお客様はこれまで長い間連れ添ってきた奥様への感謝の気持ちと子どもたちのこれからの生活について便箋4枚にもわたって想いをつづった方もいました。付言事項は遺言を書かれた方の想いを家族に伝えることができ、それが相続トラブルの防止にもつながる大変有効な手段です。

契約書の落とし穴

契約書の作成は、いわば住宅建築で考えれば、家づくりをする棟梁の役目にも似ています。この棟梁の技量によって、家が傾くのか、地震にも耐えうる家になるかが分かれます。契約書の作成は、士業の先生がしなくてはいけないという決まりはありません。

あなたでも作成しようと思えば作れるのです。しかし「信託法」を読みこなしていない、税務がわかっていない方が作成する契約書はリスクだらけです。素人棟梁では、床は傾き、雨漏りは頻発、ドアは閉まらないなど、家の形はしていますが、実際は欠陥だらけで人が住めたものではありません。信託契約も同様で、当初の家族信託の目的を達成することのできない欠陥だらけの契約書でも、公正証書にすることができてしまうのです。契約内容が不十分だったために、不動産の登記を司法書士が受けてくれない、不動産の売却ができない、想定外の税金を請求されてしまう、こんなことになったら目も当てられません。

また、実務をわかっていないと信託契約をしてから半年経っても、金銭信託（例2000万）を信託口座に移していないというケースもありました。せっかく作った信託の契約書も信託財産を不動産なら信託登記または、現金なら信託口口座に移転していなければ、信託の効果を全く発揮することができません。

信託財産が現金の場合にありがちな失敗

現金を信託財産にするときによくある間違いです。3000万円の現金を信託財産にするために、3000万円が預金されている両親の口座番号と信託財産の金額を契約書に記載してしまう失敗です。この場合、信託契約した後に、財産を預けた人がお亡くなりになると金融機関によってこの口座を凍結されてしまうのです。信託財産とした時から現金3000万円の所有権は財産を預けた人から預かった人に代わっているはずです。それなのに、なぜ預けた人の死亡によって口座が凍結されてしまうのでしょうか。

信託契約の原則のひとつに、信託財産は財産を預かる人の固有の財産と分別管理するというものがありました。金融機関に信託契約の事実があることを対抗するためには、財産を預けた人の口座から預かった人の口座に移すことが必要なのです。さらに、契約書にいくらの財産を信託財産にするか明記しておくことも欠かせません。このケースでは、信託財産として「預けた人（委託者）の口座」が明記されていたので金融機関によって口座が凍結されてしまったのです

×間違い　信託財産　　◯◯銀行　△△支店　口座番号××××
（3000万円入金されていたとして仮定）

◯正しい　金銭信託は、3000万円とする

家族信託の問題点

家族信託はあなたやあなたのご家庭の認知症対策・相続対策に効果を発揮してくれるはずです。しかし、信託契約を作成するまでに障壁や問題点があることを念頭に入れておかなくてはいけません。ここで家族信託を検討するにあたって想定される問題についてご紹介します。

財産の預かり手がいない

家族信託は、財産を預ける人、利益を受け取る人だけでは成り立ちません。あなた一人だけではなく、家族全員が一致団結して作っていくものです。「家族信託をぜひやりたい！　この仕組みは画期的であり、自分の想いや願いを叶えることができる。」そう思っ

たとして、財産を管理運営してくれる人がいないと絵に描いた餅になってしまいます。信託とは文字通り「信じて託す」ことです。大切な財産を信じて託せる人物がいなければ、残念ながら家族信託はできません。親は子どもを信じて財産を託し、財産を託された子どもは信頼に応えて、信託契約の目的を遂行するため、財産管理を誠実に行うことが最も望ましい家族信託の形です。なかには、ご相談させていただいた後に、「受託者候補がいない！」と気付く方もおられます。勇んでマウンドに上がって剛速球を投げ込もうと思ったら、キャッチャーがいない！　と気付くようなものです。では、適切な候補者がいない場合はどうしたらいいでしょうか。

実は、家族信託では司法書士や弁護士などの専門家は受託者になることができません。彼らは、信託監督人のように、財産を預かり管理運営する人をサポートする役割を務めることはできるのですが、受託者にはなることができないのです。それは、無報酬というのが受託者の基本的な考えだからです。そのため、適切な候補者がいない場合、家族信託ではなく、信託会社に手数料を支払い、受託者を務めてもらう商事信託を選択するしかありません。家族信託を利用できるかどうかは、これまで家族でどれだけ信頼関係を構築できてきたかが問われるのです。受託者候補を「時間をかけて育てていく」という考えも重要なポイントだと思います。

家族信託に精通している専門家が少ない

信頼できる受託者がいたとしても、それだけでは、信託は完成でありません。実際契約を作る、司法書士、行政書士がいて成り立つ話です。しかし、この家族信託は、平成19年に大幅に家族で信託を利用しやすい条文がバージョンアップしたにも関わらず、士業の先生方の間で認知度は上昇していません。そのため、家族信託に興味を持ったとしても、気軽に相談できる専門家がいないのです。また、知識やノウハウは知っていても実際に信託契約書を作成したり、コンサルティング経験がある方は残念ながらごくわずかです。もし、あなたが普段からお世話になっている税理士や司法書士の先生がいたなら、家族信託について聞いてみてください。おそらく、ほとんどの専門家は答えに窮するはずです。ただこれからは、相続対策の選択肢として家族信託は重要な位置づけをしめるようになるため、家族信託に精通した先生は増えていくことは間違いないと思います。過去の信託契約をコピー＆ペーストしてくるような先生に仕事をお願いすることは極めてリスクの高い信託契約となります。実務経験のある家族信託のコンサルタントに相談しましょう。

■金融機関が家族信託に積極的ではない

家族信託に精通している専門家が少ないように、金融機関もまた家族信託に関して積極的にサービスを提供しているわけではありません。行員の家族信託の知識も不十分です。最近、一部の金融機関で家族信託のサービスを提供している銀行も出てきましたが、全国的に見ればごくわずかです。財産管理をする上で、金融機関との付き合いは欠かせませんが、現状では円滑な取引が行われていないと全国のコーディネーターや専門士業から声が上がっています。現状、金融機関と家族信託の接点は2つあると考えられます。ひとつが、銀行で信託口口座を作ること。そして、二つ目が、借入がある不動産を信託財産とする際の手続きです。

■信託口口座は、一部の金融機関ではスムーズに開設可能になりました！

まず、信託口口座です。銀行預金を信託財産に指定した場合、財産を預かった人は自分が普段使っている口座と分けるために、信託契約をした後に信託口口座を作るのが一般的です。実際、現金を1000万円信託財産にした場合は、財産を預けた人の銀行口座から1000万円を財産を預かる人の管理する信託口口座に振り込みます。ただ、家族信託が世の中に普及していないために、今までは信託口口座の作成に金融機関は消極的でした。

しかし、1年前と比較すると全国的に大手や地銀も含めて信託口口座開設の事例を聞くようになりました。事前によく説明や交渉をしておけば、口座の開設が難しいことではありません。

なお、信託口口座の作成は信託法の中では義務ではありませんが、財産の分別管理の観点から、信託口口座を作成することをおすすめいたします。現在、家族信託の設計の段階で、複数の金融機関が信託口口座の開設ができるようになり、事前に契約書をチェックしてもらい、問題がなければ信託契約後速やかに、信託口口座の開設ができるようになっています。

借入(残債がある不動産)の交渉が難航するケースも

信託財産となるのはあくまでもプラスの価値を持つ財産だけです。そのため、借金を信託財産にすることはできません。ただし、借入が残っている不動産は、信託財産にすることができます。

しかし、借入がある不動産には抵当権が付いているので、金融機関に信託登記を入れる承諾を得る必要があります。

通常、抵当権設定契約書の約款には、「不動産の名義変更などをする場合は事前に承認を取りなさい」という旨が記載されています。

契約条項に違反すると、期限の利益が喪失することも同時に定められています。つまり、勝手に名義を変更したのだから、借入金の全額返済を求められるということです。

金融機関に説明し、理解をしていただくのは時間がかかりますが、内緒で登記すると後になってから全額返済を求められることがあるので注意が必要です。

65歳になったら家族信託を検討すべき

家族信託をはじめるには、65歳から75歳までが適しています。これぐらいの年齢であれば、気力も体力もまだまだ十分です。相続対策を一緒になって考え、家族をリードしてくれます。これが、80歳近くになってくると判断能力が喪失してくるリスクが高まります。また、気力もなにかと落ちがちで、外出するのが億劫になったり、一日をテレビの前で過ごすことも多くなります。そうなると、いまさら家族を巻き込んで相続対策を考えていこうという気持ちもなくなってきます。とはいえ、この65歳から75歳という年代は、元気なだけに、認知症や相続を身近な問題としてまだ感じていないので、対策を先送りにしがちなのも事実です。痛みがないのに病院にわざわざ行く人がいないのと同じことです。しか

図7-4　家族信託を考えるべきタイミング

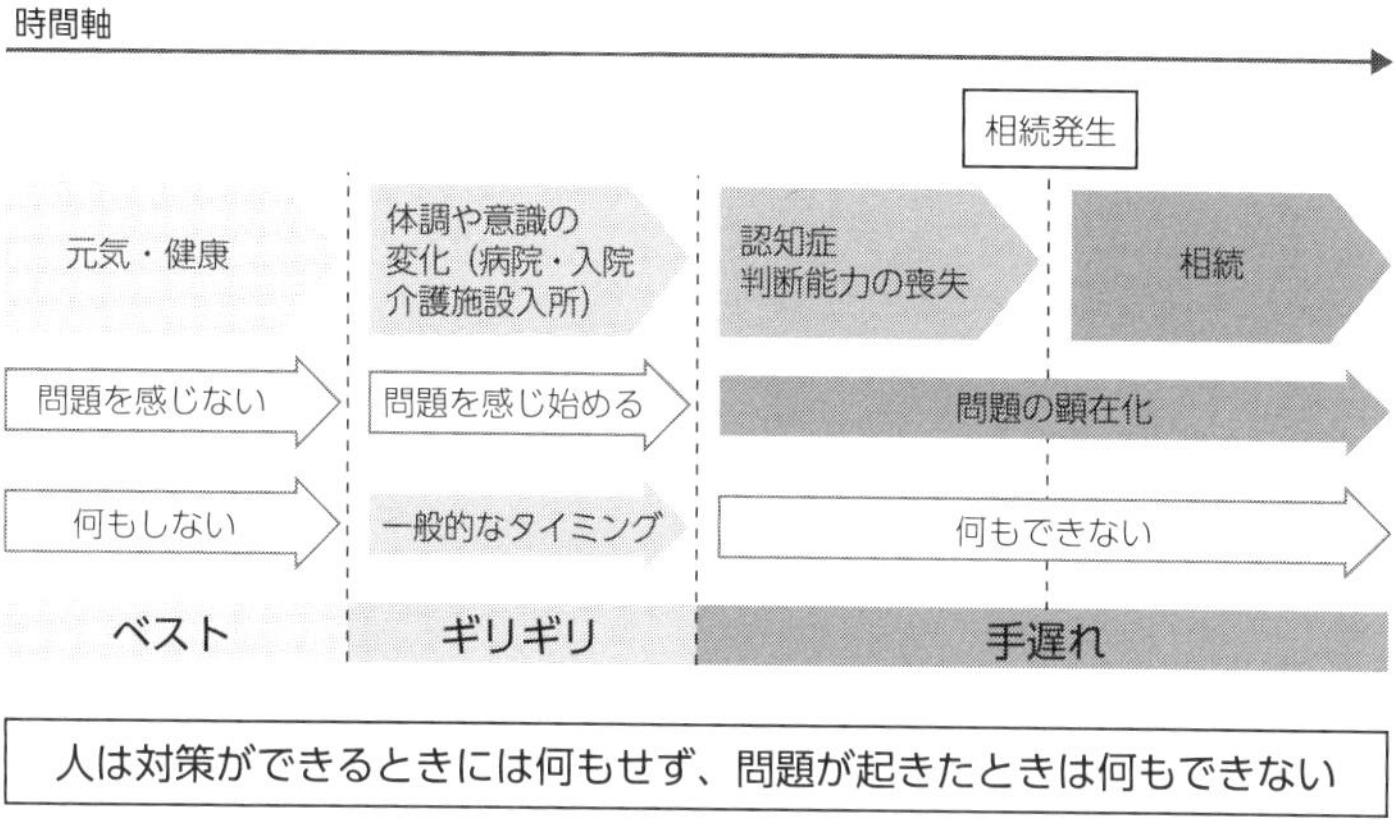

し、大病に患ってから、病院にいったとしても、手遅れになっていることが多いのです。実際の相続の現場でも、認知症の疑いが出てきたり、体が弱ってきた、ぎりぎりのタイミングで家族信託を検討する方が非常に多くなっています。それでも間に合えばいいのですが、特に認知症は発症すると一気に加速して状態が悪化することもあります。家族信託は契約行為なので、お互いの判断能力がなければ契約はできません。認知症になり、判断能力が喪失してしまうともう手遅れなのです。

『人は、対策ができる時に何もせず、問題が起きた時は何もできない』

　この言葉を念頭において、ぜひ早めに検討して欲しいと思います。

おわりに

本書は「認知症と相続のお金の関係」にテーマを絞って書きました。

大型書店の健康と病気のコーナーに行けばたくさんの認知症関連の本が置いてあります。テーマ別にみると、ガンに続いて認知症が多いようです。しかし、認知症関連の内容といえば、ほとんどが認知症をどのように予防していくか、認知症になったらどのように家族は向き合えばよいかという内容で、「認知症」と「お金」については、ほとんど触れられていません。一方、相続のコーナーに行けば、相続税の仕組みや相続の手続き、さらに相続対策としての節税、争族の回避に関するテーマが多いことに気づきます。

これからの時代は、相続対策を考える前に、認知症の対策をしないとすべての対策が絵に描いた餅になってしまうことに気づかなければいけません。

今回のテーマに行き着いたのは、思いつきではありません。相続の相談を年間300件以上受け、お客様の生の声に耳を傾けるなかで、いかにこの認知症とお金の問題が世の中に知られていないことがわかったからです。正しい事実が伝わっていなかったのです。

そして、この問題を先送りにすることが、取り返しもつかない大きな問題につながることを目の当たりにして、このテーマをたくさんの方に知って欲しいと思いました。家族信託は認知症とお金の問題を解決してくれます。家族信託を利用すれば、認知症とお金の問題に取り組みつつ、今までの方法では実現できなかった、先の代まで財産を渡す順番をつけられたり、共有名義を回避することができたり、さらに親亡き後に障がいをもつ子供の財産管理を行えるなど様々な希望や願いを実現することができるのです。

本書を読んで頂いたあなたに伝えたいことがあります。それは、まずあなたの将来、またはあなたの家族に起きるかもしれない問題について、想いを巡らせることからはじめてください。あなたが家族の将来の生活を考えることで、あなたの大切な家族の未来を救うことができるのです。

今年は、私の家族で大きな変化がありました。待望の次男が生まれて、私から見たら相続人が増えました。私が父と交わした信託契約書の中では、もし私が父より先に亡くなった場合、父の財産は7歳になる長男に承継させるという設計をしています。次男は、設計時には、生まれておらず想定していませんでした。

しかし、家族信託のよいところは新しい家族が生まれた時、家族の環境に変わったときにあわせて、柔軟に変更していくことができる点です。家族も成長していきますが、家族信託もまた家族の成長にあわせて成長させていくことができるのです。

本書で紹介した家族信託があなたとあなたの大切な家族のお役に立てたら幸いです。
最後まで本書をお読み頂きありがとうございました。

２０１７年11月
某都内の大好きなスターバックスのカウンターにて

特別インタビュー

家族信託により、父の認知症リスクに備えながら、両親の将来を支えるための対策を実現しました。

神奈川県在住 高橋さん 48歳 お母様 85歳

高橋さんのご両親は80代。夫婦共有名義の自宅マンションにお住まいでした。お父様の認知症リスクが高まる中、ご両親がともに老人ホームに入居したのを機に、高橋さんはお父様とお母様それぞれと信託契約を結びました。認知症による資産凍結を避けながら、将来の介護費用を確保するためのマンション売却にめどをつけることができました。

信託契約を結ぶことで、両親に負担をかけずマンション売却が可能に

——実際にセミナーに参加してみて、いかがでしたか？

正直、最初は本当に家族信託が有効な方法なのか、何かデメリットがないのか、半信半疑でした。でも、セミナーで紹介されていた具体的な事例を通して家族信託への理解が進み、これはまさに私たちが必要としているものだと感じ、一筋の光が見えた気がしました。

セミナー後に個別相談を申し入れたところ、セミナー講師を務めていた横手さん自身が対応してくれました。私たちが抱える状況を説明すると、父の状態を考えれば一刻も早い対応が必要とのこと。

翌週には日本財託の本社に伺ってさらに詳しく話

を聞き、「私たちが取るべき方法はこれしかない」と判断して、父や母にも事情を話しました。母は意図を汲んで了承してくれ、父も、「お母さんの生活を助けられるのはお父さんしかなく、協力してほしい」と話すと、「分かった。任せる」と言ってくれました。

――どのような形で信託契約を結びましたか?

横手さんと、日本財託でご紹介いただいた司法書士の先生の立ち会いのもと、まずは父と信託契約を交わしました。信託財産はマンションと預貯金すべてです。後日、マンションの残り2分の1を所有する母とも同様に信託契約を結びました。

現在は、すでに母も老人ホームに入居しています。マンションをそのまま遊ばせておくのはもったいないという母の希望で、なるべく早期の売却を予定しています。信託契約を終えているため、両親に負担

をかけることなく私の手続きだけで売却できるという点で安心ですね。売却は、日本財託の不動産仲介のご担当者につないでいただき、専任契約でお願いしています。

家族信託コーディネートから不動産の売却までひと続きで依頼できる

――家族信託のコーディネートを依頼した会社が、不動産のプロであるという点にメリットを感じましたか？

当初、日本財託が不動産会社であることはほとんど意識していなかったのですが、両親のマンションを売ろうと決めてから、売却までひと続きにお願いできると分かって大変助かりました。家族信託はまだまだ一般的ではないため、事情の分からない不動

産会社に仲介を頼んでしまうと、手続きに混乱が起きるのではと思ったのです。家族信託の取り扱いに慣れた不動産会社にお願いできるのであれば、それが一番スムーズです。

――無事に信託がスタートした今、振り返って思うことは？

とにかく、こういう制度があったことに感謝しています。「後見人」や「遺言」はなんとなく耳馴染みがあるものの、私のように事態が差し迫ってからそれでは対応できないことに気付き、慌てる人も多いのではないでしょうか。高齢社会の日本で、しかも認知症がこれだけ社会問題になっている中、相続対策だけでなく、「親が生きている間の生活費や介護費をどうするか」という視点が大事になっているのだと思います。その意味で、家族信託がもっと一般に知られ活用されていけばいいと願っています。

高橋さんのお母様より

当初、娘から「家族信託」について話を聞いたときには、全く聞いたことがない制度でとまどいもありました。周囲に聞いても知っている人がおらず、身近な前例がない中でそれを活用するというのは、親子ともに勇気がいることだったと思います。それでも、振り返ってみるとやはり私たちの状況を解決できる唯一の方法だったと感じますし、信託により先々のことまで娘に任せられ、とても安心しています。

◈**著者紹介**

横手彰太（よこて しょうた）

1972年生まれ、中央大学卒業後、スペイン留学を経て大手上場企業に就職。その後、独立して北海道ニセコで飲食店経営に従事。現在は株式会社日本財託にて、お客様の認知症対策・相続対策コンサルティングや不動産活用を中心に行い、これまでの家族信託に関する相談件数は300人以上、40件以上の家族信託契約に携わる。お客様向けのみならず、税理士・ＦＰ向けの家族信託セミナーにも講師として多数登壇。自身でも家族信託を活用した経験を活かし、具体的でわかりやすいことを心がけ、常にクライアントファーストの姿勢を貫いている。著書に「相続対策は東京中古ワンルームと家族信託で考えよう」

≪出演・取材協力≫

NHK「クローズアップ現代＋」2017年2月28日放送『さらば 遺産"争族"トラブル ～家族で解決！最新対策～」「AERA」2017年1月23日号『親子の大問題　相続　認知症で実家が売れない！』All About NEWS（連載）、週刊朝日、住宅新報、週刊住宅ほか

家族信託に関するご相談、お問い合わせ先

株式会社日本財託

0120-411-040

著者が講師を勤める家族信託セミナーの詳細・お申込みはこちら

0120-411-047

| 日本財託　家族信託セミナー | で検索

親が認知症になる前に知っておきたいお金の話

2017年12月13日　第1刷発行
2020年4月1日　第4刷発行

著　者 ―――――― 横手彰太
発行所 ―――――― ダイヤモンド社
〒150-8409　東京都渋谷区神宮前6-12-17
www.diamond.co.jp
電話／03-5778-7235（編集）　03-5778-7240（販売）

装丁・DTP ――――― クニメディア株式会社
製作進行 ――――― ダイヤモンド・グラフィック社
印　　刷 ――――― 八光印刷（本文）・新藤慶昌堂（カバー）
製　　本 ――――― ブックアート
編集担当 ――――― 中鉢比呂也

ISBN 978-4-478-10467-5